高职院校"十三五"学前教育专业规划教材

高职高专学前教育专业理实一体化立体教材

幼师生说课、微型课与模拟授课技能训练

主　编　蔡旺庆
副主编　南志国
参　编　(排名以姓氏笔画为序)
　　　　邓晓玲　白美林　朱文会
　　　　张　伟　肖　琦　易忠兵
　　　　林　琳　徐凯萍　曹素琴
　　　　曹　静

南京大学出版社

图书在版编目(CIP)数据

幼师生说课、微型课与模拟授课技能训练 / 蔡旺庆主编. — 南京：南京大学出版社，2019.6(2023.1重印)
高职院校"十三五"学前教育专业规划教材
ISBN 978-7-305-21930-6

Ⅰ.①幼… Ⅱ.①蔡… Ⅲ.①学前教育－课堂教学－教学法－高等职业教育－教材 Ⅳ.①G612

中国版本图书馆 CIP 数据核字(2019)第 072052 号

出版发行　南京大学出版社
社　　址　南京市汉口路 22 号　　邮　编　210093
出 版 人　金鑫荣

书　　名　幼师生说课、微型课与模拟授课技能训练
主　　编　蔡旺庆
责任编辑　丁　群　钱梦菊　　编辑热线　025-83597482

照　　排　南京南琳图文制作有限公司
印　　刷　盐城市华光印刷厂
开　　本　787×1092　1/16　印张 11.25　字数 254 千
版　　次　2023 年 1 月第 1 版第 3 次印刷
ISBN 978-7-305-21930-6
定　　价　32.00 元

网址：http://www.njupco.com
官方微博：http://weibo.com/njupco
微信服务号：NJUyuexue
销售咨询热线：(025) 83594756

* 版权所有，侵权必究
* 凡购买南大版图书，如有印装质量问题，请与所购图书销售部门联系调换

前　言

当今世界多极化、经济全球化、文化多样化、社会信息化深入发展,国际金融危机深层次影响在相当长时期依然存在,新一轮科技革命和产业变革蓄势待发,互联网＋、云计算、大数据、人工智能、三维(3D)打印等现代技术深刻改变着人类的思维、生产、生活以及学习方式,国际竞争日趋激烈,人才培养与争夺成为焦点。优先发展教育,构建现代教育体系,建设学习型社会,培养大批创新人才,已成为人类共同面临的重大课题和应对诸多复杂挑战、实现可持续发展的关键。

目前我国正在统筹推动"五位一体"总体布局和协调推进"四个全面"战略部署,贯彻落实创新、协调、绿色、开放、共享的新发展理念,实现2020年全面建成小康社会目标,深化供给侧结构性改革,坚持经济中高速增长,深入实施创新驱动发展战略,推进大众创业、万众创新,实施"中国制造2025"战略和"一带一路"倡议等,迫切需要教育优化人才培养结构,加快培养各类紧缺人才。

《国家中长期教育改革和发展规划纲要(2010—2020年)》明确提出:学前教育对幼儿身心健康、习惯养成、智力发展具有重要意义。遵循幼儿身心发展规律,坚持科学保教方法,实现保教融合,保障幼儿快乐健康成长。积极发展学前教育,到2020年,普及学前一年教育,基本普及学前两年教育,有条件的地区普及学前三年教育。2017年4月教育部等四部委联合印发《关于实施第三期学前教育行动计划的意见》,对"十三五"学前教育改革发展做出全面部署,重点解决脱贫攻坚地区、两孩政策新增人口集中地区和城乡接合部幼儿园建设问题。提出通过发展普惠性幼儿园等举措,实现2020年全国学前三年毛

入园率达到85%、普惠性幼儿园覆盖率达到80%的目标。

2018年10月15日,陈宝生部长在全国高等学校工作座谈会上强调:高等教育要做到四个"回归"。一是回归常识,教育的常识就是读书;二是回归本分,教育的基本功能就是教书育人;三是回归初心,教育工作者的初心就是培养人才;四是回归梦想,教育的梦想就是报国梦、强国梦。师范院校是培养教师的摇篮,教学基本功是教师职业素养的核心构件。目前,教育行政部门以及各师范院校都非常重视师范生的教学基本功训练与培养。师范生教学技能竞赛既是诊断与评估师范院校人才培养的有效手段,也为师范生教学技能的训练营造了良好氛围,提供了极好的平台,"以赛促练、以赛促学、以赛促改",最终达到提高师范生教学技能的目的。为了促进师范生综合素质的全面提高,师范生教学技能竞赛在许多省份如火如荼地展开,如湖北、湖南、浙江、江苏、福建、河南、江西、安徽等。与此同时,全国职业院校技能大赛(高职组)学前教育专业教育技能比赛也已举办过四次,赛项以团体赛的方式进行。每支参赛队由2名选手组成,分A、B组进行比赛。A组比赛内容包括幼儿故事讲述、幼儿歌曲弹唱与歌表演、幼儿园教学活动设计以及说课,B组比赛内容包括幼儿园保教活动课件制作、幼儿园保教活动分析、幼儿教师职业素养测评及主题简笔画。比赛全面考查选手的专业理论基础知识、教育活动设计、保教活动分析、教师基本功和创新、应变能力等幼儿教师职业素养。由此可见,说课、模拟授课已被列为师范生教学基本功比赛的重要项目。

教师资格考试改革于2011年正式启动,浙江、湖北两省率先试点,2012年河北、上海、广西、海南加入试点行列,2013年下半年新增山西、安徽、山东、贵州4个省为试点省份。根据教育部关于教师资格考试与定期注册改革工作的统一部署,改革工作于2015年在全国全面推开。即2015年入校的专科以上学历(含专科)的师范生取得教师资格证书必须参加"国标省考",且笔试、面试成绩都要合格。幼儿园教师资格考试笔试科目为《综合素质》和《保教知识与能力》,笔试合格后还有面试环节,其中说课、微型课、模拟授课是面试的常态形式。

2017年全国师范类专业认证全面开启。认证以"学生中心、产出导向、持续改进"为基本理念,以"一践行三学会"(践行师德、学会教学、学会育人、学会

发展)为育人标准。认证有现场考察环节,学生职业技能测试是重要内容之一,说课被列入其中。

基于上述原因,编者组织撰写了《幼师生说课、微型课与模拟授课技能训练》一书,希望能帮助师范院校学前教育专业的学生认识、理解、掌握说课、微型课以及模拟授课,不断训练教学技能、增强就业本领、提高职业竞争力。本书在编写时遵照理论与实践相结合、普及与实用相结合、说理与案例相结合、文本与视频相结合等原则,努力注重教材的可读性、针对性、可视性以及有效性。

本书由盐城幼儿师范高等专科学校蔡旺庆编写上篇和中篇,宿迁高等师范学校南志国编写下篇。在编写过程中得到了盐城幼儿师范高等专科学校众多领导以及相关师范院校领导、老师们的真诚关心。盐城幼儿师范高等专科学校学前教育学院学生秦小川、姚建祥、陈姝蓉、周鹏、高湘、周巍、冯子昕分别提供了说课、模拟授课视频资料。盐城幼儿师范高等专科学校邓晓玲、易忠兵、白美林、肖琦、林琳、张伟、朱文会、曹素琴、曹静等老师为书稿撰写提出了宝贵的意见与建议。南京大学出版社欣然出版本书,同时也付出了大量的心血和汗水,在此一并表示由衷的感谢!

由于编者理论水平有限,实践能力不足,书中一定存在许多问题与纰漏,敬请专家、同行和同学们批评指正。

编　者
2019 年 3 月

目 录

上 篇：说 课

第一章 说课基本知识 ... 003
 第一节 说课概述 ... 003
 第二节 说课界定 ... 008
 第三节 说课类型 ... 009
 第四节 说课内容 ... 011
 第五节 说课模式 ... 014
 第六节 说课评价 ... 016

第二章 说课基本方略 ... 023
 第一节 说课准备 ... 023
 第二节 说课策略 ... 026
 第三节 说课方法 ... 030
 第四节 说课艺术 ... 032
 第五节 说课训练 ... 036

第三章 幼儿园说课稿 ... 038
 第一节 说课稿的基本模式 ... 038
 第二节 五大领域说课稿模式 ... 041

第四章 幼儿园说课案例 ... 058
 第一节 健康领域说课案例 ... 058
 第二节 语言领域说课案例 ... 068
 第三节 社会领域说课案例 ... 077
 第四节 科学领域说课案例 ... 087
 第五节 艺术领域说课案例 ... 093

中 篇：微型课

第五章　微型课概述 103
- 第一节　微型课的界定、意义及特点 103
- 第二节　微型课的基本要求和授课策略 105
- 第三节　微型课的评价标准 107

第六章　幼儿园微型课案例 109
- 第一节　健康领域微型课案例 109
- 第二节　语言领域微型课案例 110
- 第三节　社会领域微型课案例 113
- 第四节　科学领域微型课案例 114
- 第五节　艺术领域微型课案例 116

下 篇：模拟授课

第七章　模拟授课概述 121
- 第一节　模拟授课的界定 121
- 第二节　模拟授课的类型与基本结构 123
- 第三节　模拟授课的基本要求 125
- 第四节　模拟授课的评价标准 126
- 第五节　幼儿园教师资格证书面试流程及评分标准 128

第八章　模拟授课策略 131
- 第一节　课前准备策略 131
- 第二节　情境创设策略 136
- 第三节　课件制作策略 139

第九章　幼儿园模拟授课案例 143
- 第一节　健康领域模拟授课案例 143
- 第二节　语言领域模拟授课案例 146
- 第三节　社会领域模拟授课案例 150
- 第四节　科学领域模拟授课案例 155
- 第五节　艺术领域模拟授课案例 159

参考文献 171

上篇

说　　课

第一章 说课基本知识

1. 了解说课的概念、特征、类型及意义。
2. 熟悉说课的内容及基本结构。
3. 掌握说课的基本要素及相互关系。
4. 知道说课评价的一般观察点及评价标准。
5. 理解"五课"(备课、说课、上课、听课及评课)之间的异同。

第一节 说课概述

一、说课的含义

说课,最早可以追溯到中等师范学校学生基本功训练和汇报表演中的"小学教材讲析"。而作为一种教学、教研改革的手段,最早是由河南省新乡市红旗区教研室于1987年提出来的。1991年《中国教育报》对新乡市的"说课"做了详细的宣传报道,"说课"得到教育界的一致认同。1992年,全国说课协会在河南省新乡市成立,1993年11月,全国第一部说课专著《说课探索》出版发行。如今说课已被广泛应用于学校日常教研、教师培训以及教学技能比赛活动中。实践证明,说课活动能有效地调动教师投身教育教学改革、教育理论学习、课堂教学研究的积极性、主动性和创造性,是提高教师职业素质,造就研究型、学者型、创新型教师的有效路径之一。

1. 广义定义

说课指说课活动,即教师以口头言语表达形式为主,以教材和教育教学科学理论为依据,针对某节课或某个课题的具体特点,以青年教师或师范学生为对象,对其进行训练与培养的组织形式,是有计划、有目的、有组织地促进教师深入备课,提高教师职业素

质的教学研究活动。

2. 狭义定义

说课,就是教师以教育教学理论为指导,在精心备课的基础上,面对同行、领导或教学研究人员,用口头语言和现代化信息手段阐述某一具体课题的教学设计,并与听者一起就教学目标的达成、教学流程的安排、重点难点的把握及教学效果与质量的评价等方面进行预测或反思,共同研讨进一步改进和优化教学设计的教学研究过程。

说课活动源于中师,始于小学,成于实践。目前在师范院校颇为盛行,它有较强的针对性、示范性和有效性,形式灵活,方法简便,易于推广,具有很强的生命力。

二、说课的构成要素

说课活动的主要构成要素有说课者、听说者、语言表达和说课稿等。它们是相互联系、相互作用、相互制约的有机统一整体。

1. 说课者——说课活动的主体

说课的主体是指教师或准教师,他们是说课活动的策划者、设计者、扮演者和引领者,是说课过程的实施者和反思者。说课是教师自我展示、总结提高、不断完善、历练教学技能的重要过程,是教师上好课的基础和前提,是教师之间相互交流学习和全面提高教师教学能力的一种好的形式。

2. 听说者——说课活动的客体

说课的客体(即听众)是指同行、领导或教学研究人员,他是说课活动的学习者、指导者和研究者,是说课过程的评价者。通过说课,说课者得到听说者最客观、最直接、最有效、最公正的评判,从中能吸取先进的理念、科学的方法、有效的措施,达到进一步优化课堂教学的目的。说课对听说教师也是一种有效的素质培训,听说者不仅要认真听说,仔细揣摩,边听边思,而且要对说课教师的说理做出客观正确的评价,这个过程既是检查听说者已有教学水平的过程,又是促进自己综合运用教学理论的过程,有利于听说者自身教学综合素质的发展与提升。

3. 语言表达——说课活动的媒介

语言表达就是说课者把自己想要描述的内容,通过语言组织,准确流畅、有条理地表达出来,让别人明白自己的想法及意图,最好能得到听说者的认同并能产生强烈的共鸣。怎样才能在众多陌生人面前畅谈无阻、表演完美呢?首先要进行细致的语言组织,然后通过一定的表达技巧,循序渐进地陈述自己的观点、方法和思路。语言表达能力直接影响着说课的质量与效果。幼师生提高语言表达能力的主要途径有:① 多参加社会实践锻炼,增强表达自信;② 经常参加学校的演讲、辩论等比赛活动,积累表达经验;③ 适时观看优秀说课视频,矫正自我表达缺陷,提高表达技能;④ 参加培训,接受专家针对性的指导,学会表达技巧。

4. 说课稿——说课活动的核心

"说课稿"是为进行说课活动而准备的文稿(含相关课件),它不同于教案(或讲稿),教案(或讲稿)只说"教什么"和"怎样教",说课稿则在说清"教什么"和"怎样教"的基础上,重点说清"为什么要这样教"。教师在研读纲要、分析幼儿、选择活动主题的前提下,进一步确定活动目的、活动重点和难点,并设计好活动过程。遵循整体构思、融为一体、综合论述的原则,分块写清,分步阐述说课活动内容,以进一步提高幼师生说课的质量与水平。说课四个要素之间的关系可用下图表示:

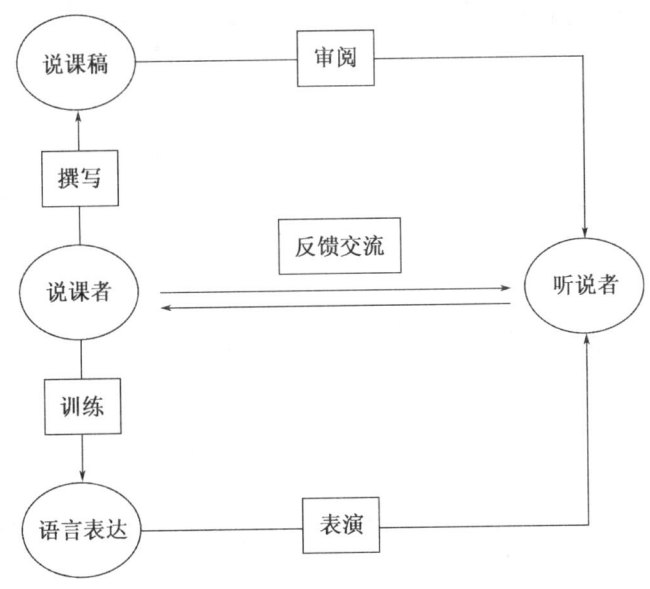

图 1-1 说课四要素之间的关系

三、说课的特征

说课不同于上课,也不等同于备课,它是介于备课和上课之间的一种集体教学研究活动。其基本特征有:

1. 科学性

说课活动要求幼儿教师以科学理论为指导,用科学方法解决学前儿童教学活动中的矛盾与问题,要遵循幼儿园教学活动规律,积极学习和研究幼儿认知特点,更新教学观念,以游戏作为幼儿园教学的基本活动形式,避免教学中出现随意性和盲目性。说课中一个又一个的"为什么"、一个又一个的活动安排意图,能使幼儿园教学活动的设计更为合理和科学。

2. 独立性

说课活动作为一种客观存在的幼儿园教学研究中一个相对独立的模式,具有不可替代性。说课取备课、上课之长,致力于幼儿教学活动的研讨与交流,也是备课、上课所

不能替代的。幼儿园教师说课有自己的目标任务、过程结构和评价体系。因此,独立性是说课之所以有生命力的最基本的特征。

3. 整体性

说课活动是幼儿园教学活动中的一个子系统,它是由语言表达、幼教理论、材料剖析、活动设计、幼师素养等因素组成的相互制约、相互作用的一个有机整体。说课活动是说课者综合教学技能的展示和表演,它受多种因素制约,任何一个说课环节的起伏变化都会影响说课活动的质量和水平。因此,说课活动是系统工程,是整个幼教研究活动中的一个子系统。

4. 层次性

说课活动的听众不全是接受教育的幼师生,而往往是具有丰富幼教经历的领导和专家。说课者为了使自己的说课达到较高水平,就必须要学习先进的幼教理论,提升说课的理论层次。听说者要进行评说,更需要熟悉活动材料、了解幼儿、理解幼儿园课堂,并懂得幼儿教育学、幼儿心理学、"五大领域"教学论、现代信息技术等方面的知识,这样说课者与听说者都能在较高层次上得到切磋与交流。因此,说课是一种高层次的教研活动形式,可以使许多参与者的教学能力得到锻炼与提高。

5. 多样性

由于幼儿园说课的"五大领域"、目的任务、标准要求、幼儿对象以及幼师素质等方面都存在差异,因此说课活动需要从实际出发,因地制宜,形成各具特色的不同模式。说课活动具有多样性,从而有利于指导各地区、各幼儿园说课活动的研究工作。

6. 灵活性

说课形式灵活,简单易行,不受时间、地点、幼儿、活动进程和活动材料的限制。大到国家、省、市范围内的说课竞赛,小到幼儿园说课教研,无论何时何地都可以随时进行交流。可见,说课具有较好的参与合作特点,能很好地解决幼儿园教学与教研、理论与实践相脱节的矛盾。另外,和教案相比,说课稿可长可短,讨论范围可大可小,涉及教学活动内容可多可少,具有较大的灵活性。

7. 预见性

说课活动不仅要求幼儿教师说出"怎样教",而且要说出幼儿"怎样参与、怎样合作、怎样探索、怎样交流"。教师要对所教幼儿的认知特点、行为习惯、智力发展、探索兴趣、表达水平、心理特点等方面的差异进行分析,预测幼儿教学活动中的困难,根据不同情况采取相应措施加以解决。说课者还要说出自己设计的问题,估计幼儿如何回答,教师应怎样启发引导。因此,说课要对幼儿参与活动过程中可能发生的问题进行一些预测,从而在幼儿学习活动中因势利导,随机应变。

8. 创新性

说课活动是一种新颖的教学研究活动,是幼儿园学习活动构思的显性化,是教师组织幼儿活动前理性思维的碰撞。说课者方面要充分发挥自身的特长和教学风格；评课者方面要善于发现说课者的创新之处，用自己的幼教成功经验对说课者予以认同。说课者通过同行、专家的点评与交流，扬长避短，不断增强理性认识，从而提高幼儿园教学活动的设计能力。

四、说课的意义

1. 有利于提高幼儿园教研活动的实效

以往的幼儿园教研活动一般都停留在上几节观摩课，再请几个人评评课，上课的老师处在一种比较被动的地位，听课的老师也不一定能理解授课教师的意图，导致教研实效低下。通过说课，授课教师可以说说自己教学的意图，说说自己处理活动材料的方法和目的，让听课教师更加明白应该怎样去组织幼儿活动、为什么要这样组织，从而使幼儿园教研的主题更明确，重点更突出，提高教研活动的实效。另外，还可以通过对某一专题的说课活动，统一思想认识，研讨教学方法，探究幼儿园课程改革，提高教学效率。

2. 有利于提高幼儿园教师备课的质量

在备课过程中，不少幼儿园教师只是简单地准备怎样组织教学活动，很少有人会去想为什么要这样组织，备课缺乏理论依据，导致备课质量不高。说课活动可以引导幼儿园教师思考和交流为什么要这样教学，这就能从根本上提高教师备课的质量。

3. 有利于提高幼儿园教学活动的效率

幼儿园教师通过说课，可以进一步明确教学活动的重点、难点，理清教学的思路，明确各教学环节的师幼活动安排及时间分配，选择恰当的教法和学法，有效地掌控课堂，优化教学过程。这样就可以克服教学中目标不明确、重点不突出、难点不突破、组织不到位、学习资源使用不充分等问题，从而不断提高课堂教学的效率。

4. 有利于幼儿园教师的专业成长与发展

幼儿园教师的专业成长源于幼儿园教育实践，幼儿园教师专业发展的基点是教学理论知识、教学技能和教育实践。说课活动作为幼儿园教师教学研究实践中理性思考与新话语交流的平台，是新时期幼儿园教师学习文化的重要"构件"，是幼儿园教师个体与听众之间相互学习、相互交流的好形式，是通过平等参与在理性层面和操作层面上形成自我培训的好机制。说课能使幼儿园教师在不断"深思"与"探究"中，实现观念更新和文化再造；在教学与研究、理论与实践的有机结合中，促进幼儿园教师对幼儿园课程理念、课程标准、学习材料深度理解以及对现代幼儿教育理论、游戏化活动方式的不断积累。

第二节　说课界定

一、说课与备课的异同

1. 说课与备课的相同点

无论是备课还是说课，其目的都是为上课服务的，都属于课前的一种准备工作。从它们的内容上看，说课是一种深层次备课后的展示活动，他们在主要内容方面具有一致性；从活动过程上看，它们都需要教师研究课程标准、学习材料和幼儿认知特点，运用相关幼儿教育理论，选择恰当的幼儿教育方式，设计最优化的幼儿学习活动流程。

2. 说课与备课的不同点

（1）内涵不同。备课是幼儿园教师个体独立进行的一种静态的教学研究行为，而说课是幼儿园教师集体共同开展的一种动态的教学研究活动。在对教学问题研究与反思方面，说课要比备课更深入、更透彻、更细致。

（2）对象不同。在备课中，教师独立进行幼儿学习活动设计，不面对幼儿和其他教师，而说课是直接面对其他幼儿园教师，说出自己的备课思路和备课依据。

（3）目的不同。备课是为了正常、规范、高效上好课服务的，是以提高幼儿学习活动质量和有效促进幼儿健康发展为直接目的的。而说课是为了幼儿园教师学会反思、改进和优化备课，它是以提高幼儿园教师整体素质和实现幼儿园教师专业化发展为目的的。

（4）要求不同。备课强调幼儿学习活动安排的科学、合理及有趣，为上课提供操作性强、条理清晰的学习活动流程，是备课的关键所在。因此，备课只需要写出教什么、怎样教就可以了，无须说明为什么要这样教。而说课就不一样，它不仅要说出教什么、怎样教，还要从理论上阐述为什么这样教。

二、说课与上课的区别

1. 说课与上课的要求不同

上课主要解决教什么、怎样教的问题；而说课不仅要解决教什么、怎样教，还要解决"为什么这样教"。说课的重点在于完成教学活动任务、反馈幼儿学习信息，从而提高幼儿学习活动效果；而上课要求必须有效地进行幼儿初步知识感悟和良好的学习兴趣培养。

2. 说课与上课的对象不同

幼儿园教师上课的对象是幼儿，而说课的对象是具有一定幼儿园教学经验的同行、园长和专家。由于对象不同，因此说课更具有灵活性，它不受时间、空间的限制，不受教学进度的影响，不会干扰正常的教学秩序。

3. 说课与上课的内容不同

说课的内容是解说自己对幼儿学习材料的理解、教学活动设想、组织活动的方法策略以及相关的幼教理论依据；而上课的内容是对幼儿学习材料进行具体的分析，幼儿在游戏活动中感悟初步知识、培养兴趣、训练合作交流方法等。

4. 说课与上课的意义不同

说课的意义主要是提高幼儿园教学效率以及教研活动的实效；上课的意义是引导幼儿参与活动、培养兴趣、发现问题、探索知识、发展智力。

可见，说课是介于备课和上课之间的一种教学研究活动，对于备课而言，它是一种教学改进和优化活动；对于上课而言，它是一种更为严密的科学准备。因此，从某种意义上讲，说课是对整个教学活动和教学研究过程的一种折射。

备课、说课、上课、听课与评课间的相互关系可用图 1-2 表示：

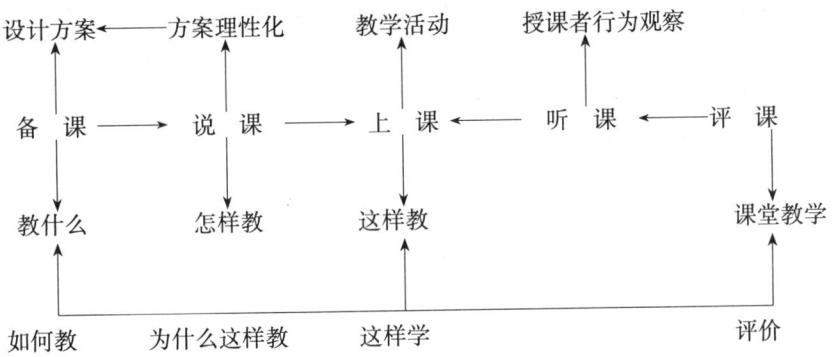

图 1-2　备课、说课、上课、听课与评课间的相互关系

总之，备课是一种预设研究，上课是一种临床研究，听课是一种比较研究，评课是一种诊断研究，说课是一种策略研究。

第三节　说课类型

说课，作为教学研究活动的重要形式，因其目的和要求不同，常常有不同的分类方法。

一、按目标和形式分类

1. 训练性说课

即将要走上教育岗位（准教师即幼师生）或刚走上教育岗位的对象（新教师）都要经历这一过程。训练型说课旨在帮助说课者熟悉教学流程，厘清教学思路。

2. 研究性说课

根据明确的研究课题，说课者与听课者通过讨论、答辩、对话等方式进行交流与研讨，从而不断促进与改善幼儿园教师个体和群体的幼儿园教学工作，提高备课理性水平，突破幼儿教学难点问题，探讨幼儿教学热点问题。这是幼儿园教研活动常用的形式。

3. 示范性说课

即由教学骨干、教学能手或相关专家承担，地区教研主管部门或幼儿园组织的一种说课活动形式。说课教师结合自己的教学特色或特长，做精心准备，面对幼儿园教师或幼师生做示范展示，努力做到突出教学新理念，诠释自己的幼教思想特色，展示自己的幼教才华。

4. 评比性说课

参加说课的幼儿园教师从事先确定好的课题中抽签，确定自己说课的课题，在规定的时间内钻研教材，写出说课提纲，然后登台说课，评委要对说课做出评判。这种类型常见于各种级别的说课比赛、幼儿园教师岗位应聘的能力测试等情况。

5. 汇报性说课

幼儿园教师通过说课，向幼教管理人员、领导汇报自己的教学（教科研）工作，让幼教管理人员从中了解幼儿园教师的业务水平，掌握幼儿园教学科研动态，制订相应的幼本培训计划，做到对幼儿园科研水平的有效掌控。

二、按学习活动时序分类

1. 课前说课

课前说课是指幼儿园教师在认真研读幼儿教材，领会教材编写意图，利用信息化资源，初步形成教学设计的基础上的一种说课形式。通过课前说课活动，可以借助集体的智慧来预测幼儿教学的实际效果，最终达到改进和优化教学活动设计的目的。

2. 课后说课

课后说课是指幼儿园教师按照既定学习活动设计进行授课，并在课后向听课人员阐明自己教学得失的一种说课形式，是对个体教学过程的集体反思与研讨活动。通过这个环节，使说课者和参与讨论者对教学活动中的成败得失有更加清晰的认识，从而为进一步改进和优化教学设计提供可能。

第四节 说课内容

幼儿园说课内容一般分为以下几个部分:说活动教材、说活动目标、说重点难点、说活动准备、说教法学法、说活动过程及说教学评价等。

一、说活动教材

内容是教学的一个基本要素。认真细致地分析内容、把握内容是组织好每一次幼儿学习活动的基础,是幼儿园教师能够驾驭教学过程、取得最佳教学效果的基本前提。因此,幼儿园教师要根据《3~6岁儿童学习与发展指南》(以下简称《指南》)和《幼儿园教育指导纲要(以下简称《纲要》)的要求,分析内容选择的意图,内容的前后联系,内容的重点、难点、能力点,情感态度教育点,以及学习活动类型、前次概念与新知的联系、自己的个性见解等。

说教材首先要说明选择该教材为活动主题的原因,作为幼儿教师,必须明白自己选择的活动主题是什么,是出于什么原因而选择此主题。活动主题的选择必须符合幼儿的实际需要和发展要求。正如《纲要》中所说:"教学内容的选择既适合幼儿的现有水平,又具有一定的挑战性;既符合幼儿的现实需要,又有利于其长远发展;既贴近幼儿的生活来选择幼儿感兴趣的事物和问题,又有助于拓宽幼儿的经验和视野。"

在说活动教材时,要结合幼儿实际情况,分析幼儿已有的经验水平、当前所需要的经验,并结合长远的发展需要,指明本次活动的必要性和重要性。说教材时,说课者应尽力阐述自己对教材的理解、领悟和见解,充分展示自己对教材整体把握能力,力求做到"说"得准确、"说"出特色、"说"出共性,同时也能"说"出个性。

二、说活动目标

活动目标是指教学活动的主体在具体教学活动中所要达到的预期结果、标准。活动目标是教学活动的起点和归宿,对教学活动起定向作用。幼儿园教师在设计活动目标时要以《幼儿园工作规程》和《幼儿园教育指导纲要》所提出的各领域的目标为指导,结合本班幼儿的发展水平和实际需要来确定。确定教学目标主要解决两个问题:一是要阐明确定目标的依据,如幼儿教育学、心理学及幼儿智力发展特点的依据等;二是要将目标具体化即具有可操作性。教学目标越明确、越具体,反映说课者认识越充分,教学设计安排越合理。活动目标的确定可以从以下三个方面进行整体设计,建立目标体系:

(1)情感态度目标。即通过学习活动,幼儿所应养成的良好的情感态度、行为习惯和审美观。

(2)能力目标。即通过学习活动,幼儿在身心发展上,如能力、意志、品格、体力的

发展上要达到一个什么标准。一般而言,能力是由观察、思维、记忆、想象等要素构成的,其中思维能力是核心。

(3)知识、技能目标。即通过学习活动,幼儿在基础知识和基本技能上达到一个什么标准,是掌握还是理解、知道等。

活动目标制约着活动设计的方向,对教学活动起着指导与定向作用。因此幼儿园教师要紧紧抓住活动目标,以充分的理论依据和实践经验说明实现活动目标的进程、步骤、组织,目标实现程度的检测等方面的基本思路。

制定目标时领域定位要精准。制定目标时经常出现的错误就是串领域。例如,健康活动《好吃的水果》,有的老师的活动目标拟定为:认识不同种类的水果。这是一个科学活动的目标,并不能作为一个健康活动的目标。这就是目标领域的混淆与错位。

在目标制定时,除了领域之间容易错位外,同时还要注意幼儿的年龄特点。如社会活动中有一条目标:爱父母长辈、老师和同伴,爱集体、爱家乡、爱祖国。其中,爱父母一般是小班幼儿的目标内容,而爱祖国则是大班幼儿的目标内容。若让小班幼儿的活动目标设定为爱祖国就过于困难,幼儿很难理解和接受,会影响幼儿活动的积极性。

三、说重点难点

活动重点是活动内容知识结构中带有共性的知识和概括性强的知识,活动重点点除知识重点外,还包括能力和情感的重点。

活动难点是那些比较抽象、离生活较远或过程比较复杂的知识。在教学实践中常见的难点有三种:一是与学习重点相同的学习难点,即既是重点,又是难点;二是学习难点并不是学习重点,但与重点有着直接关系;三是与重点无关或没有直接关系的难点。确定难点要依据内容知识体系、幼儿认知能力以及教学条件等,并要具体分析难点和重点之间的关系。

重点难点是根据活动目标而确定的,而活动过程设计又是根据重点难点来掌控的。因此,重点难点是整个教学活动的核心部件。

说课时不仅要说出幼儿学习活动重点、难点是什么,同时要说明确定这些重点、难点的依据是什么。学习活动重点是教材中起决定作用的内容,它的确定要遵循教学目的。学习活动难点是幼儿学习时困难所在,需依据各领域特点和幼儿的认知水平而定。

重点知识一般包含核心知识、核心技能和核心的思想方法等,是幼儿通过本次活动,容易领悟和吸收的知识、技能与情感。而难点则是幼儿当前比较难理解、难接受的内容。把握重难点就是为了在活动设计时更好地促进幼儿学习突出重点、突破难点。

四、说活动准备

活动准备包括活动前的准备(家长工作、社区协调、环境创设、资料收集、幼儿园活动等)、活动中的准备(活动玩具、教具、幼儿绘本、教学挂图、视频资料等),也包括幼儿的经验准备和活动所需的物品及环境准备。活动准备是教学活动顺利开展的基础和前提,幼儿教师应充分酝酿、考虑齐全,使其更好地服务于幼儿教学活动。

五、说教法学法

根据活动内容、幼儿实际、学习环境等选择恰当的教学方法,这是说课过程中非常重要的一个内容,主要考查幼儿园教师对教学方法的研究和选择。如果我们对传统的教学方法,如讲解法、谈话法、练习法、讲练结合法等,以及现代的教学方法,如引导发现法、合作探究法、角色扮演法、讲解演示法、游戏法等都有一定的理解,并清楚每一种教学方法的制约因素、特点、选择标准等,就完全可以在自己的个人教学观念之下进行合理选择和优化组合。教学方法是教师和幼儿为达到一定活动目标而采取的相互关联的动作体系,它有多样性、综合性、发展性、可补偿性等特点。教师在说课时要说明选择某种教学方法或综合运用几种教学方法的根据、作用、适用度等,阐明其价值功能。因为教学过程是教与学的统一过程,这个过程必须是教法和学法同步协调的过程,因此幼儿教师在说课时还要说明怎样教会幼儿学习的方法和规律。

幼儿是学习活动的主体。分析幼儿是教师实施教学行为的关键,是贯彻落实因材施教的前提。教师要想在教学过程中让幼儿增长主体意识,发挥主体作用,实现教与学的和谐发展,就必须要从幼儿的认知水平、能力结构、思维品质、行为习惯等方面做出全面详细的分析,使教学活动真正做到有的放矢,达到预期目的。

说教法就是教师依据幼儿特点说明"怎样教""为什么要这样教",说学法就是说明幼儿"怎样学""为什么这样学"。简单来说,就是幼儿园教师要说明在本次活动中运用了哪些教学法,这些教学法有什么作用和特点,对幼儿的学习有什么帮助,依据了幼儿的哪些特征,运用了哪些幼教规律。

六、说活动过程

活动过程就是那些引起教学活动系统状态变化的诸因素之间的相互联系、相互制约、和谐统一的过程。说课时,要说明构思整个活动过程的总体指导思想;说明教与学两种活动的有机结合的设计及其理论依据;说明典型活动环节的价值取向及其理论依据;说明活动程序的设计及其合理性;说明活动媒体的选择及如何对幼儿进行学法指导。在学习方法的选择上要充分考虑幼儿的自身因素与情境因素,如分析幼儿的认知基础、心理特征及对学习该内容的可接受性;分析幼儿思维方式与学习习惯对该内容的适应性;分析可能产生的各种差异。这是对活动对象进行深入剖析的过程,主要考查授课者对学法的关注和探索。在这里,教师、幼儿、内容、环境是教学系统本身比较稳定的基本要素,而活动目标、活动内容、活动方法、活动组织形式、活动结果等是教学过程的基本要素。

因此,在说课时,首先要说明活动过程运行中怎样处理好教师、幼儿、内容的关系,在哪些关键性问题和环节上体现以教师为主导,在哪些环节体现以幼儿为主体,做到教师的主导与幼儿的主动性的最佳结合,知识结构的内在规律和幼儿认识规律的最佳结

合,掌握知识和发展思维能力的最佳结合,同时做到最佳状态的情感交流和情感调控等。其次,教师要说明怎样组织好各个教学环节,通过情境导入、组织教学、游戏安排、反馈强化、总结延伸等控制手段和语言、提问、演示讲解、操作指导等基本技能,促进教学过程有序、高效地发展。

说活动过程是整个说课内容的主体部分,它能完整体现幼儿园教师的教学风格和教学特点,也只有通过教师对活动过程完整的阐述和呈现,才能诊断出这次活动设计得是否合理,是否科学,是否有效,是否具有艺术性。说活动过程就是说整个活动的流程和各个环节是如何实施的。其内容应包含教师的教学行为,幼儿的学习行为,以及说明这些行为通过什么方法达成了什么样目的。

活动过程设计时,首先应充分考虑以幼儿活动目标为引领,为实现目标而服务。在设计环节时,应注意动静结合、做说结合、师幼交流结合等原则,并且力求每个环节所运用的教学手段尽量有所不同。幼儿是天真烂漫、活泼好动的,在活动过程中要运用多种教学方法,设计一两个环节让幼儿动手操作或者进行集体游戏,更有利于幼儿掌握知识技能,积极地参与活动。其次环节的安排应具有整体性,每个环节应层次清晰、层层递进,环节与环节间要衔接自然。而在设计大环节的标题时,应注意语句的规范统一,以更好地表达本环节的主要内容。例如,大班语言活动《梦》,主要环节可设计为:① 谈话交流,导入主题;② 展示图片,熟悉诗歌;③ 引导创编,训练思维;④ 走进游戏,培养兴趣。在这四个标题中,前半句都是教师行为,后半句则都是所要达成的目的,简洁明了,同时又句式规范,读起来朗朗上口,很好地体现了一个教师的文学功底。

七、说教学评价

教学效果的评价,既是教师实现教学目标的期望,又是实现教学目标的自我把握程度。教师在说课时,要对幼儿的认知发展、兴趣培养、智力开发、规范礼仪、身心发展等方面做出具体的、可能的预测,说出教学评价、反馈与调节的措施及构想。这一点,是以反馈调控为手段,力求反馈全面、及时,并且要有多种应对的调控措施。

第五节 说课模式

说课是备课和上课的中间环节,是幼儿教师从上课的流程设计转向理性指导下的综合设计。它需要有很强的理论支撑,有预设的过程行为和希望的目标达成。因此,说课过程的组织有一些模式可研究,并有一些方法可探讨。

一、说课的传统模式

以前多数幼儿园将"说课"作为教师教研活动的一种形式,往往对说课缺乏基本研究,其组织和准备过程都较为简单,经常停留在"个人准备"到"众人听评"的简单模式,即个人钻研教材—确定教学目标;选择教法学法—设计教学过程;寻找理论依据—写出说课说案;面对听说者—展示说课过程。

这种模式,从备课到说课基本上是教师个体的创造性劳动。从构思阅读、收集信息,到撰写说案,几乎都是说课者个人在准备。其他众多听说者只起到听众作用,他们对教材不熟悉或钻研不深,评议时难以深入,只能做一些粗略的发言。结果是表面上热闹,实际效果并不理想。

二、说课的现代模式

随着幼儿教育改革的不断深入,现在许多幼儿园对说课模式做出不少的改进,通常采用"多向组合说课架构",有效落实《纲要》的要求,实实在在地在课程改革中促进幼儿教师的专业化发展。现介绍如下:

1. 个体与群体融合模式

(1) 集体探讨,专人准备

按领域或大中小班确定课题,集体讨论说课总体方案,然后推荐一名老师做具体说课准备,说课教师可以将集体讨论中的初步构思融入备课之中,汇聚集体智慧,再加上自身的特长,使得共性与个性、听者与说者相互融合。

(2) 集中说课,合作研讨

即一人说课,众人听评。说者所说的内容既有个人钻研的成果,又有集体意见的汇总,应根据说课要求,群体参与评议,吸收合理化建议,改进不足,形成新的共识。如果意见不能统一,可以求同存异,允许保留意见,通过教学实践检验,找出改进措施。

2. 说课与备课结合模式

说课主要是围绕"教什么""怎样教"以及"为什么这样教"这三个方面展开的,将备课隐形思维显性化。其实,教师备课中有许多经验积累和资料准备,如资料收集、学情了解以及教学信息取舍等内容,将这些内容加入说课之中,会对青年教师的培养有很大帮助。

(1) 示范性说课

由业务骨干和教学能手根据自己的教学特色或业务特长,做充分准备,为青年教师或幼师生做说课示范,突出幼教新理念,诠释幼教新思想,展示幼教新技能。

(2) 专项型说课

为了帮助青年教师提高备课、说课技能,可以围绕某一个专题中的一个专项进行说课。一是说如何分析、处理和重构教材内容,提高知识教学与思维训练的深度和广度;二是说教学方法选择的针对性、过程性以及该方法的实施步骤;三是对说课中若干板块,如说活动教材、说教法学法、说活动准备、说活动过程、说活动评价等项目中的专项加以构思和准备。

3. 课前设计与课后反思兼顾模式

有些幼儿园教师说课时,以传统的方法设计教学程序,用空洞的理论尽力美化自己

的教学设计,使理论与实践相互脱节,造成说课程序化、教条化,失去了说课应有的活力。上课以后说课,教师既能讲清课前的构思与设想,又能说出"预想"与"现实"的差异,从而做出相应的调整与变更,最后请听说者评议。

上课以后说课的基本程序是:教学设计(整体构思)—用教案方式表达(撰写教案)—上课(实施教学)—总结反思得失(重新审视教案)—提升理论层次(寻找理论依据)—用说稿文字表达(说案)—说课(展示说课过程)—评议(交流提高)。

第六节　说课评价

一、说课评价功能

1. 诊断性功能

说课评价是一种及时反馈的鲜活形式,可以使听、说双方不断获得丰富的反馈信息,使听、说双方借助于反馈信息调节各自的教学行动。对一次具体的说课来说,评价它好在哪里、不足之处,可以让说课者明白自己说课过程中的成败得失及其原因,看到自己的成绩和缺失,从而发现问题,以便总结说课过程的经验教训,扬长避短,更上一层楼。

2. 激励性功能

说课评价是把竞争机制引入说课活动之中,可以有效激发被评价者的内部活力,促使说课者积极应对、认真思考,想方设法地说好课;同时还可以有效地激励各方的积极性、创造性,为提高说课质量与水平共同努力。

3. 导向性功能

说课活动的特点与性质决定了参加说课的教师行为准则和价值取向,只要认真参与说课活动必然会从中收益。说课评价的导向作用主要表现在以下几个方面:① 彰显先进教学理念;② 诠释现代幼教思想;③ 展示丰富教学才华;④ 体现多维教学境界。

4. 决策性功能

说课评价的结果是鉴定说课质量和教学质量以及教师水平的依据之一,既可以为教育行政领导推广说课和教学经验提供可靠的决策依据,也可以为在教师中客观公正地评先选优、晋职升级、奖优惩劣提供事实依据。

二、说课评价原则

有说课,必然要有说课评价,否则难以引导和把握说课方向,也难以保证说课的质量和水平。说课评价一般遵循以下原则:

1. 及时性原则

要使说课评价收到最快、最佳的效果,最好的办法就是"现场说、现场评",这样可以防止因遗忘而降低评价效果。"现场说、现场评",大家置于现场氛围中,思想情绪高涨,最容易阐述自己的观点,畅所欲言,使评、说双方都能得到有效启发,形成头脑风暴,促进说课水平与质量的大幅度提高。

2. 客观性原则

评价的客观性,主要指评价者实事求是、客观公正地对说课者所说的内容及表现力进行评剖。评价者对说课活动的目的意义以及评价的标准要求要相对统一,坚持用"一分为二"的观点来审视说课者,尽力避免带有个人的兴趣爱好、情感倾向、价值观念等主观因素。评价者既要善于发现说课中的闪光点,肯定成功的做法或探索,以保护说课者的积极性,又要客观地指出说课中存在的问题与不足,提出改进和优化的建议与意见。

3. 发展性原则

发展性原则要求评价不是"面向过去的结果",而是"面向未来的发展",要用发展的视角看待评价的结果,要将评价的结果作为未来进步和提高的起点,激励说课者加强学习交流,改变现状,求得新的高质量发展。

4. 参与性原则

说课,从其活动形式和活动效果来看,实际上是一种教学研究方式。它符合当前教育改革与发展的新形势、新变化、新要求,能有效促进幼儿教师的专业发展与快速成长。因此,听说双方都能积极参与评价,相互研讨,共同切磋,这是说课的基本要求,也是说课水平提高的有效保障。

三、说课评价内容

1. 说课者理解教材情况评价

(1)能否全面理解和把握《纲要》与《指南》

《指南》与《纲要》从健康、语言、社会、科学、艺术等五个领域详细描述幼儿的学习与发展,分别对3~4岁、4~5岁、5~6岁三个年龄段末期的幼儿应该知道什么、能做什么,大致可以达到什么发展水平提出了合理的预期。提出幼儿园教育要遵循如下原则:

① 既要符合幼儿的兴趣和已有经验,又要有助于形成符合教育目标的新经验。
② 既要贴近幼儿的生活,又要有助于拓展幼儿的经验。
③ 既要体现内容的丰富性、时代性,又要注重幼儿学习的必要性、难易性以及与小学教育的衔接。
④ 教育活动内容的组织应充分考虑幼儿的学习方式和认知特点,注重综合性、趣味性和操作性,寓主题教育活动于生活、游戏之中。

因此,《纲要》和《指南》是教师组织实施教学的依据,教材是教学活动实施的重要载体。评价说课者是否理解和把握教材,就应该看教师在说课中是否全面正确理解《纲要》和《指南》,是否掌握其中规定的教学要求和教学目标。

（2）能否全面准确地掌握教材地位与作用

教材是教师按照幼儿教育目标、身心发展特点和社会发展需要编写的一种教学资源,是幼儿教师实施教学活动的主要依据。评价说课者对教材的理解把握情况,就是要看他能否把教学内容置于整个教材体系进行通盘考虑,既要寻找到幼儿学习内容的"前继知识"和"生活经验",即新知识学习的切入点和生长点,又要衔接好"后继知识",为进一步学习做好充分的知识储备和经验积累,做到承上启下。

（3）能否全面正确地确定教学重点难点

突出教学重点、突破教学难点,是组织教学的一个基本原则。评价说课者是否把握教学重点和难点,不能只听他有没有说明重点、难点,而是要从设计教学流程中全面考察。重点内容需要花费足够时间详细阐述；难点内容应讲清讲透,而且要说出难点问题的处理方法。

2. 说课者落实教学目标评价

幼儿园课程改革提倡从知识与技能、过程与方法、情感态度与价值观三个维度构建"五大领域"的教学目标,并使之贯穿于幼儿教育的全过程。因此,评价说课者落实教学目标情况,不能只看他有没有对三维目标进行阐述,而且要关注他所设计的各个教学环节和教学活动中有没有落实或实现教学目标。

3. 说课者选择教学方法评价

（1）方法选择是否符合幼儿身心特点和智力发展要求

教学实践证明,教学方法在一定程度上能引导幼儿的学习方式,选择符合幼儿身心特点和智力发展要求的教学方法,有助于幼儿形成好的学习习惯,提高学习能力。因此,评价说课者教学方法选择时,必须从教学内容出发,按照《指南》或《纲要》对"五大领域"的目标要求,结合幼儿的年龄特点,综合分析教学方法使用的合理性与有效性。

（2）方法选择是否有利于激发幼儿的学习兴趣

评价教学方法的好坏,最显著的标志是：这种教学方法能否激发幼儿的学习兴趣和学习积极性,能否便于形成民主、和谐、平等、互动的师幼关系。因此,教学过程中努力构建动手操作、合作交流、共同探究的幼儿学习活动氛围是教学方法选择的重要标杆。

4. 说课者设计活动流程的评价

说活动流程的设计是说课的核心环节。评价一个活动流程设计的优劣,可以从以下几个方面加以观测：① 活动流程设计是否围绕活动目标展开,活动流程的安排是否为活动目标服务；② 活动内容安排是否联系幼儿生活实际,是否与教材资源相匹配；③ 活动结构是否完整,活动节奏是否合理,重点是否突出、难点是否化解；④ 教学方法、教学媒体使用是否得当；⑤ 活动过程是否条理清楚、步步相扣、逐步深入。

5. 说课者教学素养的评价

说课活动中，对说课者教学素养的评价应侧重于教学活动设计、教学理念陈述和突发事件处理策略等方面，通过设置"请你谈谈这样设计的理论依据""如果幼儿遇到这种情况，你有什么解决办法"等问题，来评判说课者的教学素养。通过这个侧面的评价，可以促使教师备课时"多问几个为什么"，上课时"多想几个为什么"，教学反思时"多提醒自己现在缺什么、应该多学些什么"。

四、说课评价方式

1. 自我评价

说课者说课结束后，可以根据实际表现对说课过程和说课结果满意程度进行自我评价和剖析，为别人的评价提供背景和现实支持，是进一步评判的基础。

2. 同行评价

说课活动结束后，参与说课活动的领导和其他老师应根据自己的经验和对教学的理解，对说课的内容发表个人的意见和建议，最后由组长做总结。这种评价形式比较适合校本说课活动。

3. 专家评价

这种评价形式通常适合于主题型说课活动，组织教师以说课研究解决教学中遇到的问题，聘请课程专家、教材专家、教研人员和学术骨干（特级教师、学科带头人、教学能手等）对说课活动做出评价。这种评价行为本质上是一种专业引领，是教师与专家面对面的教学研究方式。

4. 评委评价

这种评价大多数应用于说课比赛活动。全国高职院校学前教育专业学生职业技能大赛就是把说课项目作为一个评比项目，全国学前教育专业认证也把"说课"作为学生现场技能测试项目。教育行政部门组织评委班子，通过对选手的说课情况进行全面评价，评出结果与等第，引导幼儿园或幼儿园教师自觉进行说课研究，带动地区和幼儿园加强师资队伍建设和幼师生教学基本功训练。

五、说课评价要求与标准

钟启泉教授在《教育与评价》中指出："评价是查明已形成和已组成的学习经验在实际上能产生多少预期结果；同时，评价过程总是包括鉴别计划的长处和短处。这有助于检查已组织和已编制的教学计划的基本假设的效度；同时能核查用于实施教学计划的其他条件的有效性。"因此教学评价既是一次教学过程的结束，也是新一轮教学过程的开始。

量化评价是对说课过程和结果从数量上进行描述、分析与评价。即将说课评价的全部内容分解为若干个项目,每个项目再拟定评价标准,规定评价权重,评价者依据标准对各个项目逐一进行评分,然后将各项得分加起来算出总分,用这个分数对说课者做出某种判断。下面列举两个说课评价表,供参与。

表1-1 幼儿园教师说课评价表

姓名		课题		科目		班级		
项目	评价指标		评价标准			等第		得分
说教材 (30分)	(1) 揭示教育价值 (2) 明确重点难点 (3) 确定活动目标		(1) 运用幼儿教学的新理念,揭示教学内容的价值(6分) (2) 正确分析教学内容的特点、重点与难点(6分) (3) 根据《纲要》与《指南》要求和幼儿发展水平,设计好切实可行的活动目标(9分) (4) 做好"三个维度""五大领域目标"的整合,体现幼儿健康、和谐发展的要求(9分)			A(26~30) B(22~25) C(19~21) D(19分以下)		
说教法 学法 (30)	(1) 设计教法 (2) 设计学法 (3) 选用手段		(1) 教法选择要彰显幼儿的主体地位,以游戏为主要形式,体现积极有效的师幼互动(5分) (2) 一种教法为主,多种教法辅助,注重个别差异,突出重点,突破难点(5分) (3) 有意识地对幼儿"自主、合作、探究"学习方式加以引导(5分) (4) 教法学法设计要符合幼儿认知规律,有利于活动目标的落实(5分) (5) 灵活使用各种教学手段,注重线上、线下混合式教学,优化教学效果(5分) (6) 具体阐述方法选择的理论依据和实施要求(5分)			A(26~30) B(22~25) C(19~21) D(19分以下)		
说教学 程序 (30分)	(1) 设计环节 (2) 利用资源 (3) 安排时间 (4) 预测效果		(1) 教学环节设计科学、合理、有序,结构完整,充分体现游戏化理念(6分) (2) 活动过程彰显幼儿主体性、互动性及多样性(6分) (3) 突出重点难点,衔接过渡自然,时间分配合理(6分) (4) 充分利用直观教学手段和数字化教学资源(6分) (5) 反思与评价教学设计,预测教学目标的达成情况(6分)			A(26~30) B(22~25) C(19~21) D(19分以下)		

(续表)

姓名		课题		科目		班级	
项目	评价指标	评价标准				等第	得分
教师基本素养(10分)	(1) 教师形象 (2) 语言表达 (3) 理论素养	(1) 举止大方,文明规范,服饰得体(2分) (2) 语言流畅,普通话标准,表达精练,有亲和力(3分) (3) 有一定的理论素养,富有教学机智(3分) (4) 板书工整、流畅、有条理(2分)				A(8～10) B(6～7) C(5) D(5以下)	
总评	A(86～100) B(76～85) C(60～75) D(60以下)					评委签名	

表1-2 幼师生说课技能评价表

项目	评价内容	分值(分)	得分(分)
理念与目标	1. 体现游戏化课程理念,符合《纲要》《指南》要求。(5分) 2. 教学目标明确、具体、表述角度一致,涵盖认知、能力、情感态度等维度,适合幼儿年龄特点。(7分) 3. 对教学内容的特点、作用及其幼儿适宜性分析到位。(4分) 4. 重点、难点确定准确,说理依据充分。(4分)	20	
内容与过程	1. 活动设计有创新,结构完整,环节衔接自然。(10分) 2. 活动围绕目标设计,重点突出,层次清晰,安排合理,符合幼儿认证规律。充分体现幼儿的主体地位。(10分) 3. 教学方法、手段运用、目标落实、重点难点解决及其师幼互动等方面的阐述清晰。(12分) 4. 恰当说明活动过程设计的幼教理论依据。(8分)	40	
方法与手段	1. 活动准备充分,教学具选择有利于目标达成,对活动准备及其依据分析合理。(4分) 2. 教学方法和手段符合幼儿年龄特点,教学资源丰富,适时运用混合式教学。(6分) 3. 灵活采用集体、小组、区域等多种教学组织形式,注重幼儿兴趣、智力、情感培养,关注幼儿探究体验。(6分) 4. 教学方法、学习方法选择说理充分。(4分)	20	

(续表)

项目	评价内容	分值(分)	得分(分)
表达与展示	1. 普通话标准,教态自然、大方得体,口语、态势语表达符合儿童化口语要求。(5分) 2. 体现幼儿教师专业素养和基本功。(3分) 3. 运用多媒体课件恰当辅助说课。(2分)	10	
答辩与交流	1. 紧扣问题回答,针对性强。(4分) 2. 思路开阔,思维敏捷,逻辑性强。(3分) 3. 语言流畅、富有情感。(3分)	10	

课后练习

1. 什么是说课?说出它的主要特征及其类型。
2. 说课的内容有哪些?它的基本结构是什么?
3. 说课活动的基本要素有哪些?它们之间有何关系?
4. 幼师生说课评价项目有哪些?每个项目评价的主要内容是什么?
5. 比较"备课、说课、上课、听课及评课"之间的异同。

第二章 说课基本方略

1. 知道说课准备的一般内容。
2. 掌握说课的基本策略。
3. 熟悉说课的艺术特点。
4. 了解说课训练的基本程序。

第一节 说课准备

一、知识准备

知识是基础,没有丰富的知识,要想说好课是不可能的,因此,说课前首先要做好知识准备。知识准备的内容很多,其中比较重要的是《纲要》与《指南》、活动教材以及相关教学资源。

1. **熟悉《纲要》与《指南》**

《纲要》和《指南》是指导"五大领域"教学的纲领性文件,教材是根据《纲要》和《指南》编写的。这一点说课教师往往会忽略。说课前,教师一定要研读《纲要》与《指南》,掌握其所规定的教学任务、教学目标以及各学龄段的教学要求、教学中应遵循的原则,尤其是要根据教学内容分解与落实《纲要》和《指南》所规定的教学目标。离开了《纲要》和《指南》的具体要求,说课活动如同没有了靶心,会迷失方向。

2. **钻研教材**

说课者要熟悉所说教材的编写意图和教学目标,了解知识的承接性和延续性,对知识系统的内在联系要做到心中有数,还要明确教材在幼儿教育中所处的地位和作用,弄清幼儿学习活动的重点、难点。

3. 涉猎"五大领域"的相关知识

说课者要扩大知识视野,提高育人站位,注重"五大领域"之间的知识渗透,关注多维活动目标的达成,这样才可以游刃有余,使说课具有深度和广度。

二、理论准备

说课活动要求理论意味很浓,教师没有一定的教育理论功底,是说不好课的。说课需要在理论指导下研究幼儿学习材料分析、活动环节设计、教法学法运用,否则说课就会缺少高度。因此,说课者在说课前要针对幼儿教学活动的实际需要,有计划、有步骤地学习幼儿教育学、心理学、"五大领域"教学活动设计等有关理论,掌握幼教规律,了解幼儿的生理、心理特点以及智力发展水平,认识说课所要遵循的基本原则,明确教法学法选择的要求。只有这样,才能不断提高教育理论的素质,为说课打下坚实的理论基础。

三、技术准备

1. 明确说课的内容和要求

要想说好课,首先应明确说课要说什么。关于说课的内容,没有什么一成不变的"框框"和"模式",通常包括说教材、说学情、说教法、说活动准备、说活动程序和说活动评价等几项内容,其中说教学方法里包括教师的"教"和幼儿的"学"两个方面。

说课不但要求教师要说出怎样教而且要说清"为什么这样教"的理论依据(包括《纲要》《指南》、教法学法、幼儿教育学和心理学的依据等),使得听者既能知其然,又能知其所以然,达到理论与实践的有机结合。

2. 掌握说课的技巧

(1) 加强说的功夫

说课尽管有不同的类型、不同的目的,但都要用口头语言表述。要动口,要有说的功夫,就要加强说的训练。说课时要注重语气、语量、语调、语速、语感;要进入角色,脱稿说课,不能用背稿的语调,要用"说"或者"讲"的语气。

(2) 分清内容主次

幼师生在说课时对说课的各方面内容,不能平均使用力量,不能"眉毛胡子一把抓",要分清主次,只要说清"是什么"和"为什么"即可。应把主要力量放在说活动流程上,这是重头戏。

3. 准备好说课所需的教具

说课前要准备好本次说课所用的玩具、学具、小黑板、实验器材、录音录像、多媒体课件等教学用具,以及表演和板书需要的饰品和图形。说课时根据需要可做必要的介绍和演示。

四、心理准备

由于说课时间短、信息量大、要求高,许多新手会有较大的心理压力。如果幼师生心理压力过大,则容易在说课时失去心理平衡,因过度紧张而手忙脚乱、顾此失彼,影响正常水平发挥,这就需要幼师生在说课活动之前做好充分的心理准备。

1. 充分认识说课的重要性

说课活动是在短时间内较快提高教师素质的最佳形式,也是大面积提高教学质量的有效途径。幼师生要充分认识到这一点,形成迎难而上的意识,从而变压力为动力,积极踊跃地参与这项活动,主动学习现代幼教理论,认真钻研《纲要》和《指南》、教材和教法,使自己的教学水平和业务能力在原有基础上更上一层楼。

2. 增强自信心

由于说课之前已大概圈定了范围,幼师生已对这些内容做了准备,因此说课时要卸下思想包袱,消除紧张心理,从容自如,同时要正确地评估自己的实力,使自身能力得到应有的发挥。

3. 注意自我的心理调节

说课没有幼儿配合,一切靠自己完成,有时可能会出现小失误,这时需要幼师生发挥教学机智,消除心理紧张,稳定心理状态,巧妙、及时地予以弥补。这种自我控制心理能力不能一蹴而就,需要在平时训练中不断感受与积累。

"凡事预则立,不预则废","不打无把握之仗",这都说明做事前准备的必要性。做好充分的心理准备是说课成功的起点,也是自我提高的过程。只有准备充分,才能提高说课的质量,不断提高自身业务素质。

五、做好说课前的演练

说课是幼儿教师参与教育科研、提高教学能力与水平的重要路径。无论参加哪种类型的说课活动,要想取得理想的效果或成绩,还必须要做好说课前的演练工作,邀请同学或指导教师参与说课现场模拟,检测说课准备情况,对说课稿、说课各环节进行反思与评估,虚心听取同学或指导教师的建议与意见,并及时对说课稿和说课环节进行修改和完善,为参加正式说课活动做好充分准备,以便取得好的说课效果和比赛成绩。在演练时,要关注细节,注意教师所处的位置,注意表情和肢体语言的运用,板书和操作等活动要自然、和谐、落落大方。

第二节　说课策略

说课策略包括思想的准备、理论的准备、程序的设计、说课现场情感的投入以及语言的表达等多个方面。

一、理论运用策略

说理是说课的灵魂，教学设计中的各个环节都需要一定的理论支撑，需要相应的理念、理论做指导。在说课中要将说理论与说教学实践有机地结合起来，不要片面追求高深的理论，否则容易空洞化。

1. 学习幼教理论，指导幼教实践

说课要求幼师生要认真学习先进的教育理论、教育思想和课程理论，了解国内外幼教改革动态，获取最新的幼教信息，形成知识积淀。只有这样，才能在说课实践中找到相应的理论依据。

（1）认真研读"五大领域"的课程目标

说课中，一是要熟悉"五大领域"课程目标对本次学习活动的基本要求；二是要知道课程目标对幼儿的学习要求；三是要了解本领域的课改理念，应贯彻怎样的教学原则；四是要清楚课程实施中要求的那些教法和学法。幼师生只有研读"五大领域"的课程目标，与幼儿园实际课程教学有效对接，自己的教学实践才能自觉有效。

（2）掌握相应的教育科学理论

幼师生不仅要学习幼儿教育学、心理学的有关原理，熟悉幼儿园课程的基础知识，而且要学会应用系统论、控制论、信息论原理来设计自己的教学过程。系统是指由若干相互依存、相互制约的要素为了达到一定目的而组成的有机整体，教学系统是由师生共同活动组成的旨在提高教学质量的管理系统。运用系统论的观点和方法旨在对教学活动的结构和过程的系统考察与分析，从理论和技术上提供实现最优化教学的系统方案。教学系统有效控制需要四个条件：精确的目标；详细的控制程序；良好的反馈；受控系统的调节。教学控制论是运用控制论原理和方法进行分析，以达到教学过程最佳控制的理论；教学信息论是运用信息论、系统论、控制论等学科的基本原理和方法研究教学过程中的教学信息传播、变换、反馈规律的理论。同时，幼儿教师要掌握好理论与实践的结合度，理论过浅，没有针对性，说些通用的准则，就会给人以"虚设""不贴切"的感觉。另外，不是所有的教学程序、教法学法都要"寻根探底"，无直接联系或不需要的理论，没有必要说出来。

2. 感悟教学实践，丰富教学理论

幼儿园教师学习教学理论，通过理论来指导教学实践，可以达到从高位审视自己实践行为的目的；相反，幼儿教师感悟、总结教学实践，将自己行之有效的教学实践提升到理论层次，对实践做出合理的解释，则能丰富和发展了教学理论。

幼儿园教师要善于对自己课堂上的经常性做法、教法作梳理，使行之有效、深受幼儿喜欢的具体教学经验能用精辟的话语概括，拓展教学理论，并不断去指导新的教学实践。

二、程序设计策略

说课中的程序设计总体策略是：① 理论依据要与教学过程行为密切相关，要将理性思考变为必然行为；② 让听说者明白教什么、怎样教以及为什么这样教，将实现怎样的教学目标；③ 说课思路清晰，详略得当，重点内容重点说，难点突破详细说，理论依据合理说，创新之处强调说。

程序设计一般从以下两方面入手：① 要理清一节课的组成部分，各部分之间的联系、顺序和时间分配；② 根据各部分的教学功能给出教学阶段的"名称"。幼儿园教学程序一般设计为：创设情境，导入新课；合作探究，学习新知；角色扮演，游戏体验；资源拓展，活动延伸。

三、情感表达策略

《学记》云："知其心，然后能救其失也。教也者，长善而救其失者也。"课堂教学离不开情感交流，离不开对幼儿的情感智力培养。说课不仅要说教什么、怎样教，而且要用"心"来准备、用"情"来表现教师情感教育的活力。幼师生在说课现场要准确表达自己的情感，一方面，可以将预设课堂或过去课堂的情感，通过自己的语言予以表现；另一方面，可以用自己的情感语言调动听说者的情绪和思想，感染他人，以产生共鸣效应。

1. 说课要有激情

所谓激情，它是一种快速强烈地爆发而又时间短暂的情感。这种激情往往表现出的是合理而又恰当的自信，准确而又简洁的推论，生动而又贴切的陈述。如果能将科学的态度、科学的精神转化为激情，就能大大提高说课的表现力和感染力。

2. 说课要有热情

所谓热情，它是一种强有力的稳定而又深刻的情感。说课的说稿文字量不要太大，说课时间一般在10分钟左右，但完成一项说课任务花费的时间和精力较多，需要阅读许多相关的文献资料，需要分析教材，研究幼儿，选择教法学法，需要深刻反思教学行为。因此，只有以积极的情感、饱满的激情、稳定的心境、满腔的热情投入到说课活动之中，才能保证说课活动取得丰硕的成果。

四、语言组织策略

幼儿园教师的教学语言是传授知识、进行思想沟通的桥梁，运用得好，可使教学取

得事半功倍的效果。师范院校高年级幼师生或新入职的年轻幼儿园教师,说课时往往会因为语言组织得不到位而影响说课效果。说课的语言组织应遵循以下几个原则:

1. 非理莫语

一方面,说课时不合理的话、没有依据的话不要说;另一方面,说课时要尊重他人,平易近人,力求做到语言表达有理有据,通俗易懂,和蔼可亲。

2. 言而有信

教学设计与构思都应建立在课堂实际之中,要求真实、具体、不虚设,能够前后呼应,让听者充分感受到说课者掌握知识的厚度、理解知识的深度以及教学技能的长度。

3. 言之有物

说课中的理论与实践、构想与践行、过程与环节都要力求"血肉丰满",避免空话连篇、装腔作势。谈理论时一定要有实践的辅证,谈具体做法时也必须有理论的支撑。

4. 言而有度

这是指说课时要精选文字和语言,最大限度地发挥有限时间内的语言传播效应,既体现说课的连贯性、逻辑性和机智性,又干净利落,简洁得体,给人以美的享受。

五、特殊场景下的说课策略

1. 新教师说课策略

(1) 重点要突出

说课的重点就是要说出教学的理论依据,即"为什么要这样教"。但是有些新教师弄不清重点,说课还是围绕着"怎么教"展开。由于偏离了说课的重点,结果把说课变成了讲课的浓缩,将本来是一节40分钟课的内容压缩在10分钟或15分钟完成,面目全非,效果当然很差。

(2) 着装要得体

新教师刚从学校毕业,正是意气风发、个性张扬的时候,在衣着上有时会追求时尚和另类,这容易给评委留下浮躁和稚嫩的印象。因此,在参加说课时要尽量避免风格混搭,或者带有嘻哈、朋克味道的着装,不穿色调过于灰暗的衣服,更不能以朴素为借口,穿着粗鄙。着装要么阳光简洁,要么端庄雅致,要能在外形气质上体现教师的职业特点。

(3) 眼神要灵动

由于紧张,不少幼师生和新教师说课时目光闪烁游离,要么低头看地板,要么把说课稿当救命稻草,死死盯住稿纸,连说问候语都要看稿;还有的目光自始至终只盯在某一处,或只看着某一位评委。这些都会给人注意力涣散、准备不充分、心理素质低下等不良印象,影响效果。说课者眼神要清澈坚定、明朗真诚,尽可能地和每一位评委有眼神交流,可以和表情温和的评委多交流,和表情严肃的评委少交流,这样既对自己的发挥有利,也尊重了评委。与听众之间良好的目光交流,能让说课更具现场感、更有感染力。

(4) 表情要自然

比哭还难看的笑,不如不笑;献媚讨好或故作深沉的表情,不如没有表情。做作多余、过于世故的笑容在说课时有害无益。有些习惯性的表情也是要不得的,比如紧张时不断吞咽口水,发现自己读错字或发错音时吐舌头、摇头和皱眉,并伴随满脸尴尬、歉意和惶恐等。说课者刚进场时要自然大方,向评委问候时要略带微笑,不卑不亢又礼貌敬重。最重要的是,表情是针对说课内容的,而不是针对人的,要根据自己的说课内容做出适当的表情辅助,或激昂、或深邃、或欢快,随其节奏缓急、情理交替做适当调整。至于失误,如读错词、发错音时,可以自然纠正,或者将错就错,惶恐尴尬的表情只会加深、加重自己失误的痕迹。

(5) 肢体要大方

说课者肢体上的细节误区,主要体现在握拳、持讲稿的手过高或过低、上半身僵硬或扭捏、站立时脚步移动频繁等,甚至有些人会呆立不动,如雕塑一般,这些都是说课时的大忌。大部分人都会为自己的说课内容配上一定手势,然而大多存在幅度过大、频率过快、手势机械单一、无效动作过多等情况。在说课时,肢体和目光、表情一样,都是语言的左膀右臂,与语言相辅相成、交相辉映,适当的肢体动作不仅可以缓解紧张的心理,还能释放表达的热情,使得说课声情并茂、动静相宜。手势的收放、双肩的起落、头颈的摆动没有固定的模式,要因人而异、因稿制宜、扬己所长、避己所短。总的原则要舒缓柔和、自然圆润,尽可能地与说课内容浑然一体,以达到最佳说课效果。

(6) 语言要亲切

有些新教师的语言表达基本功不扎实,在语音、语感上存在不足,这需要长期的专业指导和用心调整,非数日之功就能立竿见影的。这里强调的是若干细节问题,如断句破词、咬字不清、经常重读回读、多余的注释与解说等,还有些人有明显的口头禅,如"这个……那个……""然后……然后……""嗯………哦……""是吧……对吧……"等,这些都会使说课效果大打折扣。有条件的情况下,说课者语速的快慢、语调的轻重、节奏的缓急以及字符间、段落间的间隔长短,都要在专业老师的指导下仔细地推敲和反复练习,在语言上务求达到整个过程流淌着沉稳中带着激情的旋律、跳跃着理智里带着明快的音符。

(7) 板书要讲究

新教师说课往往不重视板书,更缺乏对一节课板书的整体设计。有的新教师说课只写一个"课题",其他什么内容也没有;有的新教师板书重点不突出"胡子眉毛一把抓";有的新教师板书随手写,没有整体设计与规划,也不注意各知识点之间的逻辑关系。一手好的板书,能给人以美的享受,也能弥补说课中的不足,给评委一个好的印象。

(8) 收尾要从容

收尾谢幕时,不少人有虎头蛇尾之嫌。好不容易把内容讲完,于是神经口气一下子

全松开了,匆匆鞠个躬,说句若有若无只有自己听得见的"谢谢",就仓皇逃离讲台。这显然是十分失礼的,甚至会影响评委对你最终的评判。在结束说课时,最好停顿三秒,然后说:"以上就是我说课的全部内容,谢谢大家,老师们辛苦了。"再大方微笑地鞠躬,从从容容地退场,为自己的说课画上一个圆满的句号。

2. 应聘教师的说课策略

现在绝大多数从师范院校毕业的幼师生在考编时都要进行理论考试和面试考核,其中说课技能考核是一项重要内容。多数幼师生往往对说课缺乏理解、准备不充分,最终导致考试结果不理想,从而失去了一次就业选择的机会。从实践经验来看,一般要注意以下问题:① 不能把说课稿当作备课稿,按照教案来说课。② 不能把说课当作上课,把听说课的老师和领导视为幼儿,如正常上课那样说课。③ 说课不是"背课",也不是"读课",要突出"说"字,既不能按说课稿一字不差地背下来,也不能按说课稿一字不差地读下来。一次成功的说课,一定是按自己的教学设计思路,有重点、有层次、有理有据、口齿清楚地进行表达。④ 说课的时间不宜太长,也不宜太短,通常按照考试要求,规定时间 10~15 分钟,一般以 8~12 分钟为宜,留 3~5 分钟进行现场答辩。⑤ 注意运用教学理论来分析研究问题,防止就事论事。⑥ 注意避免过于表述"理论依据",脱离教材、脱离幼儿、脱离教学实际,空谈理论;要提倡创新,但不要全盘否定常规教学,否定传统教学的思想和方法。⑦ 思路要清晰,语言要流畅,抑扬顿挫,富有变化,充满激情。⑧ 板书脉络清晰,书写规范,字体大小要合理,内容精炼。

第三节　说课方法

一、确定说课内容

说课时首先要确定说课内容。有时说课内容是指定好的,有时是可以自己选择的。幼儿园课程内容的来源可以是社会、幼儿和学科本身,广泛的来源要求幼师生懂得择取符合幼儿最近发展区以及年龄、心理特点的教学内容,在产生教育效果的同时须兼顾趣味性、操作性。课程内容选择的正确与否是衡量一次说课能否成功的关键,如果没有合理的教学内容,天花乱坠的语言只会使说课过程显得夸夸其谈。最好选择与自己业务能力专长相匹配的有关领域或主题,要考虑有代表性、典型性,既能充分体现"五大领域"特点,又有利于将幼教课程改革的最新成果融入其中。

二、找准理论依据

课堂教学策略、教学方法的理论很多,有教学论中的教学规律、教学原则、教学方略和教学组织管理等方面的理论;有现代系统论、控制论和信息论;还有教学艺术与技巧方面的理论;等等。说课时要以教材为基础,以课改为依据,以学情为出发点,认真学习有关理论知识,向上找准理论依据,向下升华、提炼教学经验,力争做到"言之有理、自圆其说"。

三、定好说课程序

说课中的"程序"与教案中"活动过程"主要区别是:前者是理性思维下的过程呈现,它体现授课者的逻辑顺序和时间顺序及这两个顺序的有机组合;后者主要是过程性和阶段性安排。

设计好说课程序,主要从以下三个维度来考量:一是要理清说课内容的知识体系与结构,它是静态的,要求幼儿初步掌握的,是幼师生说教学程序中的内含主线;二是幼儿园教师在课堂上所表现的教学程序和结构,它是动态的,在师幼互动中呈现出来的;三是幼师生说课时"说"的程序,即先说什么、后说什么、突出什么、淡化什么等问题的处理。

四、突出说课重点

说课的内容非常丰富,一节 40 分钟的课的构思与设计,不可能说得面面俱到,应有所侧重。说课应突出以下几点:一是着重介绍新的教学模式或者教学方略以及对它们所产生的教学效果的预测;二是要从幼儿教育学、心理学角度出发,分析幼儿思维的特点,说明本次课进行思维训练的依据;三是从课堂实际出发介绍具体学习方法与步骤。

五、彰显说课个性

幼师生在说课中,要明确说出目标意图、理论依据和内容缘由,说清"为什么要这样做";要亮出自己的观点与见解,同时要说出在这些观点指导下,如何采取相应的教学措施与手段。教学方法与手段的选择是受教学经验和个性影响的,不同性格、个性的教师在各自教学经历中往往会积累出各不相同的个性化教学经验。因此,幼儿园教师说课时要突出自己的个性,体现自己的独到之处、创新之处。

六、丰富表达手段

说课主要通过语言、文字、图表、图像以及多媒体辅助手段来表达。说课以科学理论为依据,体现说课的科学性;语言用于表达教学思维,情感交流;多媒体手段用于直观呈现,将说课内容展现给听说者,有利于调动听者的视觉、听觉,将会在很大程度上丰富听说课者的感官体验,产生意想不到的好效果;体态语言有利于增加生动性、趣味性,提高说课效果。

说课尽管有多种表达方法,但仍然以"说"为主。提高说课的表达能力,应注意以下六个方面:① 守时守信,不要随意超时;② 表情自然、大方、谦逊;③ 语言简练、流利、速度适中;④ 条理清楚,层次分明,逻辑性强;⑤ 表达完整,理由充分,具体实在;⑥ 个性特长显现,有感染力。

第四节 说课艺术

一、说教学目标的艺术

美国著名教育学家布卢姆指出:"科学地确立学习目标是教学的首要环节。"他认为,有效的教学始于知道希望达成的目标是什么。因此,目标是说课的重要内容,是教学设计的依据和教学过程检验的标准。

1. 教学目标的确定

幼儿园教学活动目标的制定应包括认知、技能、情感三个方面:
(1) 认知目标:即知识的掌握,认知能力的发展。
(2) 情感目标:包括兴趣、态度、习惯、价值观念、社会适应能力的发展等。
(3) 技能目标:技能的获得、动作协调、动作技能的发展等。
以中班健康活动《小蚂蚁运粮》为例:
目标一
认知目标:能遵守游戏规则,听信号学习单臂匍匐爬行的基本动作。
情感目标:体验参加体育活动的乐趣。
目标二
认知目标:能遵守游戏规则,听信号学习单臂匍匐爬行的基本动作。
技能目标:掌握单臂匍匐爬行的基本动作要领,锻炼身体四肢的协调能力。
情感目标:在体育游戏中感受匍匐爬行合作游戏的快乐,体验体育活动的乐趣。
目标一只是突出了健康领域动作发展认知方面的要求,忽略了幼儿在健康领域的侧重点——技能目标的发展,情感目标的发展也忽略了与其他领域的融合。
目标二则挖掘了此次体育游戏中同时获得的技能、社会性、情感等方面的教育价值,既突出了领域重点,又兼顾了幼儿的全面发展。
教育目标的确定要避免宽泛、含混——不能把目标放到哪个类似领域都适用。
再以中班音乐活动《小乌鸦爱妈妈》为例:
认知目标:能理解作品的情节,知道作品句式的特点。
技能目标:随着音乐的变化做不同的动作,提高肢体语言表达能力。
情感目标:体验歌曲中美好的情绪情感,养成喜欢参加音乐活动的习惯。
可以看出该目标缺少对音乐细致的分析,目标大而空,认知、情感目标不突出,能力目标较模糊和宽泛,无法把握教学指导要点。
修改后:
认知目标:熟悉乐曲的旋律和 ABA 结构,理解三段式歌曲中所表达的不同情感。
技能目标:能够根据音乐节奏和旋律的变化,表演乌鸦飞、吃食和大风搏击等动作,

体验创造的乐趣。

情感目标：感受歌曲中乌鸦妈妈和乌鸦宝宝之间的美好情感，萌发爱妈妈的情感。

修改后的目标清晰地梳理了音乐活动中的教育元素，整个目标既突出了音乐领域的特点，又明确了此次的活动重点——认知和情感目标，即"感受乐曲ABA结构、萌发爱妈妈的情感"，具有针对性，易于操作也便于检验。

2. 教学目标的表述

教学目标的表述应该包括"行为"与"内容"两个层面，一方面要描述幼儿需要养成何种行为，另一方面又要说明这种行为能在其中运用的领域或内容，也就是说，"目标"重在叙述幼儿行为状态变化，而不是描述教师教什么、怎样教。

教学目标如果描述得含糊笼统，就会很难检测；反之则便于检测。教学目标一般由四个要素组成：行为主体、行为动词、行为条件和表现程度。行为主体：由谁完成学习活动预期行为（一般指幼儿）；行为动词：可用以描述幼儿所预期形成的具体行为动词（复数、说出、列出、指出、体验、感受、喜欢、探索、理解、掌握等）；行为条件：让幼儿产生预期行为的特定限制或情景（即指幼儿预期行为时在怎样的条件、时间、背景等情况下产生的）；表现程度：幼儿通过活动所达到的最低水平。

二、说重点难点的艺术

1. 教学重点难点的确定

所谓教学重点是指教学活动中举足轻重的、关键性的、最基本的、最重要的中心内容，是课堂结构的主要线索，掌握了这部分内容，对于巩固旧知识和学习新知识都起着决定性作用。而教学难点则是从幼儿实际出发，即幼儿难于理解或领会的内容，这些内容或较抽象，或较复杂，或较深奥。难点有时又要根据幼儿的实际水平来定，同样一个问题在不同班级里的不同幼儿中，就不一定都是难点。

教学过程是为了实现目标而展开的，确定教学重点、难点是为了进一步明确教学目标，以便教学过程中突出重点，突破难点，更好地实现教学目标。发展幼儿知识和技能是实现有效教学的前提。

2. 教学重点难点的关系

教学重点与教学难点是两个不同概念，教学重点不一定是教学难点，教学难点也不一定是教学重点。一般情况下，教学重点中的局部内容很可能是教学难点。在特定条件下，教学重点与教学难点又具有同一性，即教学重点就是教学难点，教学难点就是教学重点。

维果斯基认为，儿童的发展有两种水平：一种是儿童现有的发展水平，一种是在他人的指导帮助下所能达到的较高水平，这两种水平之间的差距称为"最近发展区"。它的存在为教学提供了可能，教学活动必须从儿童的现有水平出发，逐渐给儿童提出更高的发展要求。这也就要求幼儿园教师不断地为儿童搭建脚手架，引导儿童从一个水平向另一个更高的水平发展。例如，在《田纳西摇摆舞》中，区分左右、交换舞伴是本次活动的重点，也是难点。为了突出重点、突破难点，幼儿教师要让一半幼儿戴红腕花，另一半幼儿戴蓝腕花。老师要求："请戴红颜色腕花的小朋友在教室中间围成一个圈，手放下，背对圆心。每个戴蓝色腕花的小朋友去找一个（戴红颜色腕花）的好朋友，和他面对面站好。"这里我们可以看出，在集体舞蹈中，这两色花不仅用来装饰、打扮身体，同时有效地帮助幼儿摆脱被动学习境地。此处，老师可以巧妙地利用了两种不同颜色的手腕花，达到让幼儿快速结伴的目的。在接下去的环节中，老师又提出："现在我们来换一个朋友照镜子。和你现在的朋友面对面站好不动，举起戴腕花的手指着现在的朋友，顺着腕花的方向指对面的新朋友。"集体舞中顺时针方向交换舞伴是学习的重点，也是难点，我们往往因为找不到好的方法而苦恼，在这里，手腕花的功能再次得到了体现——帮助幼儿快速辨认和结交新舞伴。

3. 教学重点难点的处理

说课者要全面正确地把握教学重点，应从以下几方面做起：

（1）认真研读《纲要》和《指南》

只有熟悉和贯彻执行《纲要》和《指南》的精神，才能明确各学科教学目的任务、基本内容、目标和要求，才能正确确定教学重点。特别是教学大纲规定的教学目的任务，是正确确定教学重点的主要依据。因此，熟悉和贯彻执行教学大纲，是正确确定教学重点和难点的一项重要工作。

（2）深入、细致地钻研教材

教材是教学的主要依据。教学的重点主要决定于教材内容。例如，如果教材中某一内容是诸内容中最基本、最主要的，是基础知识或基本技能，或者是进一步学习其他内容的关键，那么这一内容就是教学的重点。因此，深入钻研教材，弄清教材内容，也是正确确定教学重点和难点的重要工作。

（3）全面了解幼儿现有的知识、技能实际状况

幼儿既是教学的对象，又是教学的主体。教学的难点主要决定于教师和幼儿的素质和能力。除了教师本身要了解自己以外，还必须全面了解幼儿的情况，特别是全面了解幼儿知识和技能的实际情况。只有这样，才能正确地确定教学的难点。显然，绝大多数幼儿已经掌握或容易掌握的教学内容不必列为教学难点。因此，全面了解幼儿知识和技能的实际情况，对于正确确定教学重点和难点十分重要。

教学难点通常是教师难教、幼儿难学的内容，一般情况下，难点是因为幼儿基础知识和认识能力不足造成的。难点的突破与化解可以通过以下做法来排除。

第一，降低坡度。教师在讲解难点时，要适当放慢学习节奏，尽力缩小问题之间的跨度，要给幼儿充分思考的时间与空间。

第二，直观形象。在说教学难点时，说课者要讲清楚教学时教师是如何充分应用各种直观教学手段，帮助幼儿增加感性认识，努力使复杂语言直观化、抽象符号形象化、抽象问题具体化的；是如何利用教具、挂图、实物音像、动画和现场模拟等教学资源，形象

生动地补充感性知识,然后归纳总结上升为理性知识的。

第三,分散化解。有些教学内容难点可以逐步分解,说课者要讲清教学时是怎样采取分散讲解、各个击破的原则,当各个难点化解以后再用适当的方法组合起来讲清该难点的概念或规律的。

三、说教材的艺术

根据幼教课程改革要求,幼儿园教师必须有先进的课程观和教材观,课程已经走向民主、走向开放,从"文本课程"走向"体验课程",幼儿教师不再是课程的执行者、旁观者,而是课程开发的参与者、研究者。幼儿教师对教材可以有自己的理解与解读,对教学内容可做变革与创新,课堂上的教学内容可以不同于课本上的内容,允许师幼互动"生成"新的内容。

说教材一般可以从以下几项说起:① 教材是什么、有何特点;② 教学内容地位与作用是什么;③ 内容编写的思路、重点难点是什么;④ 通过教材内容的分析,说出本次课的教学目标是什么;⑤ 简单说明教材处理的意见,引出教学策略。值得注意的是,在实际说课时,以上五个方面不可能面面俱到,应根据教材特点有选择、有重点地说。

四、说教法学法的艺术

教学方法是教学过程中的基本要素之一,是说课整体结构中的重要组成部分。适合的教学方法有利于教学目标的达成,说课中要选择好教学方法,并且在教学过程中有意识地实施好这种教学方法。一节课的教学方法是多样的,没有任何一种教学方法是绝对最佳的,在实际教学中通常以一种方法为主、多种方法为辅。教学有法,教无定法,教学方法的选择一般由以下几个因素决定:

1. 因"课"选法

不同的学科、不同的课型、不同的教学内容应有不同的教学方法。比如,新授课通常选用讲授法、谈话法、讨论法、探究法等;复习课通常选用谈话法、练习法等;技能课通常选用实验法、演示法和练习法等。

2. 因"人"选法

不同的班级、不同的幼儿、不同的教师会有不同的教学方法。幼儿园儿童适宜选用情景教学法、操作探索法、交流讨论法、角色扮演法、讲解演示法、启发引导法。有些幼儿教师擅长生动的语言表达,有的幼儿教师擅长运用直观教具或多媒体制作,也可以根据幼儿教师自身特点选择教法。

3. 因"物"选法

不同的教学内容、不同的教学环境、不同的教学设备也会选择不同的教学方法。幼儿园教师在选择教法时,可根据教学内容、幼儿园条件,因地制宜,不可超越实际条件。

所谓学习方法,其实就是掌握知识的知识,它具有传递性、交互性的特点。在新知

识教学时,能把握幼儿已有的学习方法与技巧,可以有针对性地指导幼儿从已有的学习方法和技巧体系中检索有用信息,培养幼儿独立分析问题、解决问题能力。"说学法"就是说出幼儿从已有学习方法向新的学习方法转化的切入口和路径,说出学习新知识时应重点关注的方法,有助于解决"怎样学"的问题。

五、说教学过程的艺术

所谓教学过程,就是教学活动展开的过程,它表现为教学活动推移的时间序列,通俗地讲,就是教学活动是如何发起的,又是怎样展开的,最后是如何结束的。说教学过程是说课的重点部分,只有通过教学过程设计的阐述,才能反映说课者的教学思想、教学活动安排是否科学合理、是否具有艺术性及教学个性。

教学过程设计不仅与不同的学科相关,还与不同的教学过程观相关。现代教学过程观主要有:教学是认识与实践的活动过程;教学是认识、情感、技能等领域的一种变化过程;教学是一种发现探究过程;教学是一种信息加工处理过程。

第五节　说课训练

说课的观摩学习、说课稿的编写、说课基本程序掌握、分步训练实战演练,是说课技能训练方法的四个环节。

1. 观摩学习

让幼师生先进行说课的观摩学习,目的在于提升幼师生的感性认识。先给幼师生展示幼儿园教师的优秀说课稿,让他们仔细阅读、讨论,逐步加以消化,然后播放幼儿园教师的说课录像,为幼师生创造生动形象的说课氛围。通过观摩学习,幼师生对说课的方法和过程有了进一步的认识,在脑海里也会形成说课的概念,便于理解、模仿和运用。

2. 编写说课稿

幼师生根据说课的基本程序,自选内容或由教师指定内容,撰写说课稿,指导教师认真批阅,详细点评。幼师生修改、完善,为说课训练做好充分的准备。

3. 分步练习

在这一环节中,幼师生模仿与指导教师讲解相结合,通过师生互动的方式让幼师生详细了解说课的各个环节和要求,真正理解"教什么""怎么教"和"为什么这样教"的内涵要求,按照说课程序分步骤、分阶段、分项目逐项进行训练,能够比较顺利地分析某一节课的教学目标、重点和难点,明确本节课的内容及其与前后知识之间的联系,并能根据教学目标,说出所选择的教法与学法,科学合理地利用现有教学条件和媒体,优化教学设计过程。分步练习更具有针对性,能有充足的时间去发现说课中的问题,从而能进行及时交流、及时指导,提高训练的有效性。

4. 实战演练

通过大量的学习观摩,并经过分步训练之后,幼师生对说课的基本内容已大致掌握,但必须经过大量的、系统的实践训练才能提升自己的能力。在这一环节,可以把幼师生分成若干小组,各小组选出一名组长,负责安排时间、地点,召集本组成员训练,并做好评议记录。利用微格教学,把每位同学的说课情况录下来,反复回放,先让说课者自己反思,然后同学之间相互做出客观的分析与评价,指导教师再进行点评。幼师生经过反复操练,真正领会和掌握说课的基本要领,逐渐提高自己的说课能力。

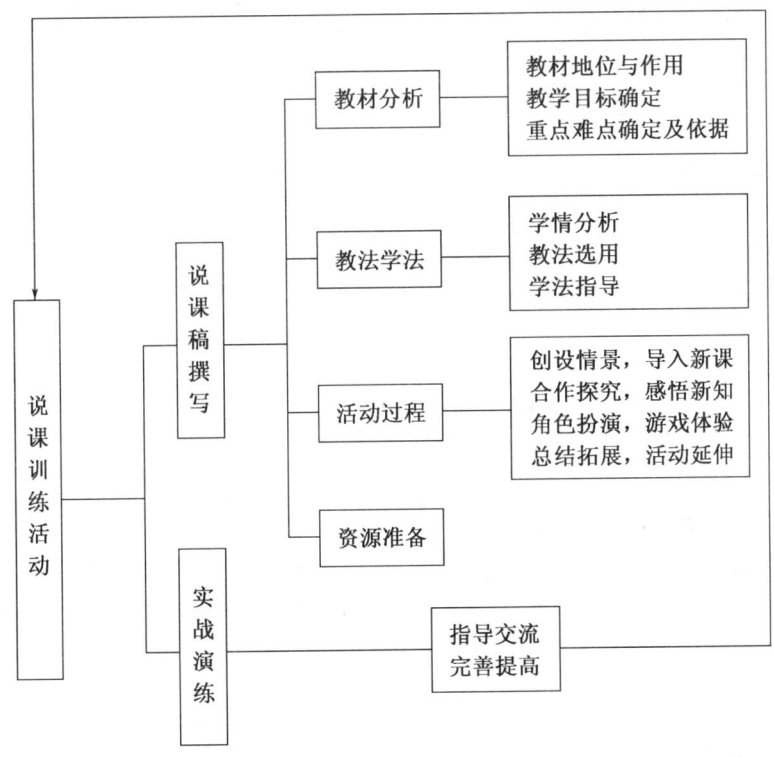

图 2-1 幼师生说课技能训练结构图

课后练习

1. 简述说课准备需要做哪几个方面的工作。
2. 说好课的策略有哪些?幼师生说课主要问题有哪些?如何解决?
3. 说课的艺术主要体现在哪些方面?举例说明如何才能达到说课的艺术特点。
4. 说课训练的基本程序有哪些?重点、难点是什么?

第三章

幼儿园说课稿

1. 了解幼儿园说课稿的基本模式。
2. 熟悉幼儿园"五大领域"说课稿模式。

第一节　说课稿的基本模式

尊敬的各位专家评委,大家好!

今天我说课的课题是_____。(板书或多媒体课件呈现课题)

下面我将从说教材、说学情、说目标、说准备、说教法和学法、说流程、说亮点或特色等几个方面来进行说课。

1. 说教材

分析教材、题目、来源,即从何而来、为何而选。

说教材内容就是通过分析所选活动主题的内容特点,从《纲要》与《指南》角度指明它在整体或主题网络教学中的地位。所以教师首先必须说清楚此次活动的内容是什么及为什么要选择这些内容。例如:

《亲亲长颈鹿》这个故事选自小班下学期《有趣的动物》这一主题中。该故事选用了小朋友生活中比较熟悉并喜欢的小兔子和长颈鹿为角色,讲述了一个长颈鹿阿姨助人为乐的故事,特别是小兔子们亲亲长颈鹿阿姨这个情节既让人觉得有趣又很符合小班小朋友的年龄特点,生活中我们也会经常看到自己班的小朋友亲亲老师的手或者脸来表示他们对老师的喜爱之情。又考虑到现在的小朋友大多数都是独生子女,特别是小班幼儿年龄小,个个都"以自我为中心",缺乏友爱互助的品质,所以我觉得这个故事既符合小班幼儿年龄特点,又符合孩子的现实需要,因此,我选择了这个故事,并将它与语言和社会两个领域相结合。

2. 说学情

说幼儿现状,简要分析。主要包括幼儿的年龄特点、身心发展状况,幼儿原有知识和基础技能的掌握情况、智力的发展水平;幼儿的非智力因素,包括幼儿的兴趣、动机、行为习惯、意志品质等发展状况。

3. 说目标

活动目标是指教学活动的主体在具体教学活动中所要达到的预期结果、标准。确立活动目标,要根据《纲要》、所选内容、幼儿学习及发展的特点,从以下三方面进行整体设计,建立目标体系:

(1) 确立情感态度:即通过学习,幼儿所应养成的良好的情感态度和审美观。

(2) 确立能力:即通过学习,幼儿在身心发展上,如能力、意志、性格、体力的发展上要达到一个什么标准。一般而言,能力是由观察、思维、记忆、想象等构成的,其中思维能力是核心。

(3) 确立知识、技能:即通过学习,幼儿在基础知识和基本技能上达到一个什么标准,是掌握还是理解、知道等。

活动目标制约着活动设计的方向,对教学活动起着指导作用,目标确定要做到明确、具体、可测。因此教师要紧紧抓住活动目标,以充分的理论依据和实践经验说明实现活动目标的进程、步骤、组织,目标实现程度的检测等方面的基本思路。例如:

《幼儿园教育指导纲要》语言领域中提出:"发展幼儿语言的关键是创设一个能使他们想说、敢说、喜欢说、有机会说并能得到积极应答的环境。"要"鼓励幼儿大胆、清楚地表达自己的想法和感受,发展幼儿语言表达能力和思维能力"。根据这一目标和要求,结合小班下学期幼儿的年龄特点和语言发展水平:幼儿年龄小,注意力容易分散,以自我为中心。我从认知、能力和情感三方面提出了本次活动的目标。

(1) 认知:在游戏情景中理解故事内容,加深对长颈鹿的认识。

(2) 能力:积极参与故事情节的讨论,愿意大胆地表达自己的想法。

(3) 情感:体验友爱互助给大家带来的快乐。

目标中提道:在游戏情景中理解故事内容,体验友爱互助带来的快乐。因此,在活动中,我把这点作为教学重点。小班幼儿在语言表达方面不完整,有时只说了半句话就无法再说了,或表达不出心中的想法,根据幼儿的语言发展情况,我确定本次活动的难点是:用比较完整的句子表达自己的想法。

4. 说准备

说活动准备。包括活动前的准备,如家长工作、社区协调、环境创设、资料收集、幼儿园活动等;活动中的准备,即有关玩具、教具等材料,包括幼儿用书、教学挂图等;活动后的准备,即活动延伸,包括区域游戏活动、生活活动、家园社区活动等。活动延伸可以延伸到下一个活动,使半日活动或者一日活动成为一个有机联系的整体;可以延伸到区域活动中去,使区域活动成为教学活动的自然延伸;可以延伸到家庭和社会活动中,真

正实现幼儿园与家庭、社会的密切配合。活动准备是为让幼儿通过与环境、材料的相互作用来获得发展的,因此,活动准备必须与幼儿的能力、兴趣、需求等相适应。例如,《亲亲长颈鹿》活动准备为:

(1) 物质上的准备。我给小朋友们准备了小兔头饰,这是为了让幼儿更能进入小兔这一游戏角色中;根据故事,我布置了小河、森林等情境以及道具长颈鹿,这是为幼儿在情境中游戏,并能加深故事的理解而准备的;音乐,是为了进一步营造游戏的气氛而准备的。

(2) 知识上的准备。我让幼儿先认识长颈鹿,了解了长颈鹿的基本特征。

(3) 幼儿练习爬及滑这两个基本动作。

5. 说教法和说学法

(1) 说教法。教学方法是幼儿教师有效地传递信息、指导幼儿学习活动的途径,说教法主要说明在本次活动中将采用的教学方法和运用的教学手段,以及这样做的原因,要着重说明自己其中独创的做法,特别是培养幼儿创新精神和实践能力的具体做法。说教法时注意要根据教材的特点、幼儿的实际、幼儿教师的特长以及教学活动环境情况等,来说明选择某种方法或手段的依据。

(2) 说学法。即说明幼儿要"学什么、怎样学""为什么这样学"的环节,教师要说出教给幼儿哪些学习方法,培养幼儿哪些行为能力。教师在说学法时要说出活动中幼儿怎样学习、依据是什么;自己在活动中如何激发幼儿学习兴趣、引导幼儿主动、积极进行探索活动的;还要讲出怎样根据班级特点和幼儿的年龄、心理特征,运用哪些教育教学规律指导幼儿进行学习的。

在现在的幼儿园教学活动中常用使用多通道参与法、体验法、操作法、小组合作法、观察法等学习方法。

6. 说流程

说活动流程是说课的重点部分,它反映着教师的教学思想,教学个性与风格,也只有通过对活动流程设计的阐述,才能看到其活动安排是否合理、科学,是否具有艺术性。一般要说清"总共有几大环节""各环节的主要目标"。分环节讲清"教什么""怎样教"——如何保证教学目标的达成、如何保证重点难点的攻克、如何保证所有孩子最大限度地达成目标。这要从"选择什么教学方法来突破教学的重难点""如何引导学生学习""如何训练帮助幼儿在情感、认知、能力等方面获得提高"以及"为什么这样教"这几方面说。在说怎样教的过程中还要说清:环节的时间处理、环节的效果预期、可能出现的问题(如:不同能力水平的幼儿可能出现的差异、与预设不符的情况等)以及如何解决、如何随机渗透,等等。要把教学过程说详细具体,并不等同于课堂教学实录。对于重点环节,诸如运用什么教学方法突破重难点要细说,一般环节的内容则可少说。尽量避免"师问、估计幼答,师又问,估计幼又答……"这种流水账式的说法。

说流程的方法,可以是把整个环节的安排先说出来,再逐环节再说,也可以是把一个环节的内容说完后,再依次说下个环节的内容,环节之间尽量用恰当的过渡语,使整个说课内容浑然一体。

7. 说特色与亮点

何之谓亮——最与众不同的。要多角度挖掘选材、教学方法、教师素质、活动材料以上几块内容可以有不同的组合,例如:① 教材,包括教材内容、目标、重点难点、准备等;② 教法学法;③ 教学流程,说课的核心在于说理,重点要说清为什么要这样教,教学重点和教学难点如何突破。因此在对自己设计课程中的思维活动进行审视后,要突出说明自身的教学风格与特色。

第二节 五大领域说课稿模式

一、健康领域

大家好。今天我说课的内容是(小班/中班/大班)健康活动……(课题)。下面我主要围绕说活动内容、说活动目标、说活动准备、说教学方法和说教学流程五个方面来进行说课。

1. 说活动内容

(小班/中班/大班)幼儿活泼好动,各种动作的发展日趋完善,……能力增强了很多,……持久性有了明显的提高。但是(小班/中班/大班)幼儿身体的协调性和平衡能力还不太高,在……时会出现蹬地腿蹬不直,蹬地不充分,落地时屈膝缓冲过大容易坐到地上的现象。……是一种能够有效地锻炼幼儿协调能力和平衡能力的运动项目,可以有效地改善这些现象,使……动作更流畅,从而提高幼儿的……能力。

《幼儿园教育指导纲要》在健康领域明确强调培养幼儿对体育活动的兴趣是幼儿园体育的重要目标。怎样让(小班/中班/大班)幼儿有兴趣地练习(跑、跳、投、掷),并使其能够在增加动作难度的基础上巩固(跑、跳、投、掷)的技能,是当前(小班/中班/大班)(跑、跳、投、掷)体育活动所需要解决的问题。为此,本次活动创设"……"的情境,以扮演……的活动形式来激发幼儿的兴趣,吸引幼儿热情参与活动,以锻炼幼儿的(跑、跳、投、掷)能力。活动的动作训练内容主要是……,能锻炼幼儿的……力量、……协调性和……灵活性,具有极大的价值。

2. 说活动目标

(1) 目标定位。活动的目标是教育活动的起点和归宿。根据(小班/中班/大班)幼儿的年龄阶段特点和基本动作的发展情况,本次活动的目标定位于:

① 通过探索模仿(某种动物)的动作,学会……,掌握正确的……姿势;

② 乐于参加体育活动,体验参与体育活动的乐趣,增强自信心。

(2) 活动重点：探索模仿（某种动物）的动作；活动难点：能有意识地控制……活动，保持身体动作的协调灵活。

3. 说活动准备

(1) 物质准备：……是体育游戏活动的材料，它便于……环节的进行，……可以增加活动的趣味性。一段较活泼的音乐主要是作为信号，音乐播放时开始活动，音乐停止是停止活动，可用于控制幼儿的运动量。

(2) 环境布置：……是本次体育活动情景创设，场地要求平整。由于活动的训练内容是……，地面平整才能保证幼儿的安全。

(3) 知识经验准备：幼儿认识（某种动物），对它的外形特征和生活习惯有大概的了解。幼儿已有一些……动作的经验和对（某种动物）的了解，有助于教师迁移新的动作经验，也有利于幼儿更快地学习。教师要熟悉模仿（某种动物）姿势。便于引导活动有目的地进行，及时纠正幼儿的错误动作。

4. 说教学方法

考虑到体育活动本身的特点及（小班/中班/大班）幼儿的年龄阶段特点，本次活动主要采用了以下几种教学方法：

(1) 提问法。在体育活动中采用提问法可以鼓励幼儿自己去探索思考，从而启发他们积极大胆地想象模仿（某种动物）。另外，还有助于了解幼儿基本动作的发展现状。活动开始时通过提问……，帮助解决练习……的过程中可能出现的部分能力弱的幼儿不容易学会的问题。

(2) 情景创设法。活动的主体环节创设了两个情景：……、……。这使整个体育活动变得更加有趣味，从而激发幼儿的兴趣，使其积极热情地参与到体育活动中。

此外我还采用了自主探索法、示范法、重复练习法等对活动加以整合，使幼儿在尝试练习的过程中获得愉悦的经验。

5. 说教学流程

在整个活动我主要设计了五个环节，包括热身进场—自由探索—巩固练习—集体游戏—放松活动。

(1) 环节一：进场

热身运动，教师引导幼儿模仿一些动物的动作（例如：蜗牛慢慢地走、螃蟹横着走、小鸭子摇摆着走、小兔蹦蹦跳、小鸟左右飞）。爱模仿是幼儿的一个很重要的心理特点，在这一环节的设置中，我主要抓住了幼儿的这一个特点，来提高他们参与活动的兴趣，同时还可达到活动前的热身效果。这还便于引出主要活动内容：……。

(2) 环节二：引导幼儿自由探索

在这一个环节中通过提问，启发幼儿有意识地探索模仿（某种动物）的方法。

① 提出问题："小动物是怎么运动的呀？"

此时，教师应尽量启发鼓励自主探索模仿（某种动物）运动的方法，我重点观察提取幼儿说出该动物运动的关键方法。同时关注幼儿的动作情况,根据幼儿的个体差异,因人施教。

② 请几个幼儿进行示范,试一试。

请个别幼儿上来给大家演示模仿小动物运动方式,重点关注幼儿的动作是否协调灵活,着重提示幼儿模仿(某种动物)时要注意哪些动作要领,让幼儿把动作做得更到位。

(3) 环节三:巩固动作经验

① 教师示范,引导幼儿注意动作要领:……。

……是本次体育活动的重点和难点,教师示范可以巩固幼儿的动作经验,还能起到一定的强调作用。

② 引导幼儿练习……。教师:"那现在我们来当回(某种动物),把……的动作本领学好。"

每个幼儿戴上(道具),开始自由练习,教师观看幼儿动作是否到位,提醒幼儿注意运动的姿势,及时纠正做错动作的幼儿,再次给予示范。

创设情景"……",巩固……的动作。播放音乐,幼儿开始自由练习。

③ 音乐停止,做放松练习。

情境的创设可以激发幼儿兴趣,让幼儿在有趣的情境中把运动的动作进行巩固练习。可根据幼儿运动的情况,利用音乐作为一种信号,适时让幼儿停下来休息,调整运动量。活动中教师还要注意观察,指导、鼓励和帮助能力差的幼儿完成动作的学习活动。此处主要采用了示范法、动作练习法,巩固加深幼儿重点动作的经验,为下一个环节做准备。

(4) 环节四:模仿动物游戏

请几个幼儿示范模仿(某种动物运动游戏),教师进行引导,让幼儿将动作做得更到位一些。接着做做放松活动,然后睡一觉。

这一环节是活动的难点,再次创设情景,主要训练幼儿的(某种运动技能)。在开始游戏前教师虽有提出明确的要求,但是幼儿往往会记不住,所以就需要教师在活动过程中注意指导。强调安全注意事项,防止碰撞。同时关注孩子们的体力状态,适当调节孩子的活动量。

(5) 环节五:放松活动

教师带领幼儿做一些放松舒缓的动作,拍拍腿、甩甩手脚,最后静静地"睡觉",使原来兴奋的神经逐渐恢复到相对安静的状态,在轻松愉快的气氛中结束活动。

二、语言领域

各位评委老师:大家好!今天我说课的主题是(小班/中班/大班)语言活动……(板书或多媒体展出)。

1. 说教材

……这一内容情节有趣,形象鲜明突出,语言诙谐有趣,容易引起幼儿的学习兴趣,又可以扩展孩子的词汇量;另外,现在的孩子由于受生活环境限制,缺乏与周围人相处的经验,普遍存在对周围事物缺乏感情的行为,所以这一内容既符合幼儿年龄特点,又符合孩子的现实需要。

2. 说活动目标

《幼儿园教育指导纲要》在语言领域中提出:"发展幼儿语言的关键是创设一个能使他们想说、敢说、喜欢说、有机会说并能得到积极应答的环境"以及要"鼓励幼儿大胆、清楚地表达自己的想法和感受,发展幼儿语言表达能力和思维能力"。根据这一目标和要求,结合(小班/中班/大班)幼儿年龄特点和语言发展水平,因此,我从能力和情感两方面提出了本次活动的目标:

(1) 理解故事的情节、内容,感受作品中主人公的善良,美好的角色形象;大胆、清楚地表达自己的想法和感受,乐意参与表演,大胆学说角色对话。

(2) 通过交流与表演,能逐步懂得做事要多为他人着想,要互相关心,互相帮助。

活动的重点和难点:

本次活动的教学重点是理解故事情节、内容,使幼儿懂得做事要替别人着想,教学难点是请幼儿大胆、清楚地表达自己的想法和感受,乐意参与表演,大胆学说角色对话。

3. 说活动准备

为了更好地服务于本次的活动目标,完成活动内容,做以下活动准备:

某些动物的角色教具,教学图片一套,故事课件一套,表演用道具若干个。

4. 说教法学法

(1) 教育心理学认为"学习者同时开放多个感知通道,比只开放一个感知通道,能更准确有效地掌握学习对象"。根据幼儿的学习情况,本次活动我运用了直观法、提问法、角色游戏等教学方法。

采用直观法是因为这个年龄段的幼儿思维具有明显的具体形象性特点,属于典型的具体形象思维。从幼儿认识事物的特点和语言本身特点来看,在幼儿园语言教育中贯彻直观性原则非常重要。以看图片、看课件的形式直接刺激幼儿的视听器官,能使学习活动进行得生动活泼,激发幼儿学习的兴趣。

采用提问法是因为提问能引导幼儿有目的地仔细观察,启发幼儿积极思维。运用启发性提问让幼儿将看到的具体形象的图片或课件用语言描述出来,是解决活动重点的有效方法。

采用角色游戏法是因为角色游戏是幼儿最喜爱的活动,在幼儿身心略感疲惫时,游戏能增强幼儿参与活动的兴趣。幼儿在进行角色表演中能充分地表现自我,大胆说话。

(2) 遵循幼儿的学习规律和年龄特点,在《纲要》新理念的指导下,整个学习活动始终以幼儿为主体,变过去的"要我学"为现在的"我要学"。遵循由浅入深的教学原则,幼儿在看看、听听、想想、说说、玩玩的轻松气氛中掌握活动的重难点。幼儿将运用观察法、讨论谈话法等。

讨论谈话法是幼儿在讨论、谈话中无拘无束地说出自己的理解与看法,从而提供给幼儿练习说话的好机会。

5. 说活动流程

结合幼儿园教育工作原则和本次活动的目标,我设计了以下四个环节:

(1) 出示小动物画面,引起幼儿兴趣,引出课题。

兴趣是幼儿主动参与活动的关键,开始部分我就以一个孩子们喜欢的角色吸引了他们的眼球,并且通过一个提问直接进入了课题:今天晚上,小动物要上台表演唱歌,请小朋友帮它想想办法,怎样才能打扮得很美呢?(请幼儿讨论并说说)

(2) 结合图片,分段欣赏故事,理解故事内容。

此环节我运用了直观法和提问法等方法,把故事进行分段讲述。

通过提问:① 小动物为什么要把自己打扮得很漂亮?② 小动物到了哪里,看到了什么,他怎么想?③ 它为什么不用花草打扮自己?④ 这件事被谁看到了,它们怎么说?让幼儿理解故事情节。

(3) 看课件欣赏故事情节,感受动物的善良美好。

此环节其实重在揭示思想内涵,进行情感教育,通过看课件的形式完整欣赏故事,有利于幼儿更形象地欣赏故事,理解故事内涵。同时还运用提问法,引导幼儿去发现本质:小动物耳朵上的绿星到底是什么?萤火虫为什么要扮成闪亮的绿星停在小动物的耳朵上?揭示出了小动物因为善良美好也得到了萤火虫的回报,请小朋友谈谈自己在生活中如何对待人和事物,进行思想提升。

(4) 幼儿进行角色表演。

提供给幼儿道具和布置简单的场景,请幼儿自己选择扮演的角色进行故事表演,教师可根据具体情况把故事的叙述部分改成简单的旁白,主要让幼儿练习角色的对话及表演相应的动作。

这一环节能充分满足幼儿的活动欲望,让幼儿在轻松的氛围中学习对话,表达自己的理解,给幼儿提供表现和说话的机会,将整个活动推向高潮,最终能实现活动目标的达成。

三、社会领域

各位专家评委,大家下午好!今天我说课的课题是(小班/中班/大班)社会领域:……(板书或多媒体课件展出课题)。

1. 说教材

《纲要》中指出,在幼儿生活经验的基础上,帮助幼儿了解自然、环境与人类生活的关系。从身边的小事做起,培养初步的……意识和行为。……是"……"主题活动中的一个内容。

幼儿期的生活还处在他律的阶段,他们并不懂得什么是对的,什么是错的,别人这样做,他们也会这样做。作为幼儿园教师应该让幼儿获得正确的情感体验,要让幼儿明白不文明行为对我们的社会、生活所造成的危害,要让幼儿在理解……的基础上,关注自身的……的好习惯,使幼儿在内化的过程中成为良好行为习惯的宣传者、执行者,并将良好的习惯泛化到周围人身上,从中找到快乐。选择……作为教材,使幼儿逐步认识到日常生活中哪些行为是正确的?哪些行为是错误的?错误了怎样改正?激发幼儿良好行为、文明习惯的情感意识和情感行为,为以后思想品德健康发展扣好第一个纽扣。

2. 说活动目标

(1) 活动目标

根据幼儿的年龄特点及发展水平,本次活动的立意旨在要求幼儿从自身做起,从日常生活点滴小事做起,并在潜移默化中领悟到……的重要性,进而将……提升为一种良好……。我制定活动目标如下:

① 帮助幼儿了解……,认识……,并能初步学会……。

② 养成……的好习惯,建立初步的……意识。

③ 引导幼儿愿意为……做一些力所能及的事。

(2) 活动重点难点

重点是帮助幼儿学会……;难点是为……做一些力所能及的事。

3. 说活动准备

(1) 物质准备:事先收集一些材料,教学课件、教学录像。

(2) 知识准备:请幼儿观察、调查……,和父母一起讨论收集有关……的图片或图表。

4. 说活动流程

环节一:了解……来源。采用播放录像,提问讨论:你们喜欢……?为什么?……怎样产生的?有什么危害?

环节二:学会……处理方法。播放教学软件:认清日常生活中的不良行为习惯,发现其原因,我们该怎么做?

环节三:角色游戏。亲身尝试角色游戏。再次感受不良行为的危害,为正确行为的树立奠定基础。

5. 说延伸活动

收集废旧材料,投放在活动区中,实现了空间、时间上的开放式教学,具体内容如下:

……

6. 说活动特色

(1) 生活理念的教育。此次选材贴近幼儿的生活,设计理念来源于生活,通过生活中的小事,以小见大,激起幼儿关注……,树立……意识,并在动手、动脑、动口的活动中,获得了无穷乐趣。

(2) 先进的视听教育手段。多媒体技术将图像、文字、声音融为一体,形象、生动。

(3) 可持续发展理念。一次活动只是一个开始,是其他教育活动的引子。通过本次活动,使幼儿更多地关注……,这是本次教育的潜在效应。体现了活动的可持续发展。

四、科学领域

(一) 科学探索

尊敬的各位评委老师,大家好!今天我说课的课题是科学领域中科学探索部分:……(板书或课件展出课题)。

1. 说教材

……是(小班/中班/大班)主题活动……一个课题,是一个……变化的探究活动。孩子们生活在一个五彩缤纷的世界里,……变化的奇妙,激发幼儿探索、发现……变化的欲望,丰富有关……变化的经验,体验变化的乐趣。

2. 说活动目标

本次活动遵循《幼儿园教育指导纲要》的精神,体现幼儿园教育活动以"幼儿发展为本"的原则,符合幼儿爱动手、爱摆弄的年龄特点。通过引导幼儿互相合作,共同探讨、互相交流,从而培养幼儿的探究意识、探究兴趣和探究能力。因此,本人预设了以下三个活动目标:

(1) 幼儿主动参与……操作活动,感受……的变化;
(2) 培养幼儿的合作意识,激发对科学探究活动的兴趣;
(3) 乐意与同伴分享自己对……变化的发现。

活动重难点:

《纲要》指出:探索是儿童的本能冲动,好奇、好探究是儿童与生俱来的特点,在此次活动中,为了满足幼儿的好奇心和求知欲,发展孩子们实际探究解决问题的能力,本人把"幼儿主动参与……的操作活动、探索……的变化"定位于本次活动的重点。考虑到这是幼儿第一次自主探索……的变化,在操作中会异常兴奋和忙乱,为了有序地完成操作、发现、记录这一探究过程,本人把幼儿自主分配角色,互相合作……定为本次活动的难点。

3. 说活动准备

活动准备是为了完成具体活动的目标服务的,同时幼儿是通过材料的相互作用获得发展的,我给每组幼儿准备了一个……,一张记录表和一支笔。准备的每一种材料都是要让幼儿通过动手使其发生变化,从而获得启发,得到发展。

4. 说教法学法

（1）演示法

观摩小魔术表演，让孩子观察……从无到有的变化过程。在记录表的讲解上，通过直观的记录表，更好地为孩子做示范，让他们清楚地感知操作和记录的方式方法。同时在演示时，本人只示范一种方法，其他的留给孩子们足够的想象、探究空间。

（2）谈话法

主要体现于……活动和记录结果的小结评价。孩子们在……和做记录的时候有的有交流、有的因角色分配发生冲突、有的意见不统一需要商量等，谈话法促进了孩子与孩子之间、孩子和老师之间的交流，从中也围绕目标渗透了孩子合作意识的培养。

（3）观察法

科学活动中的观察法是非常重要的，在开头引题激趣环节，幼儿观看小魔术演示，观察了……从无到有的变化过程，从而产生好奇心和探究欲望；继而又观察了教师示范……和记录的方法，为下一环节的操作及记录提供了有效的指导依据。

（4）实物操作法

幼儿充分利用教师提供的……进行操作，在感知、探究……的变化过程，从中获得有关……变化的知识经验，充分体验操作的乐趣。

（5）讨论法

科学教育内容要求教师要引导幼儿积极参加小组讨论，培养幼儿合作学习的意识和能力，学习用多种方式表现、交流分享探索的过程和结果。本次活动，讨论法主要运用于两个环节，一是幼儿……的角色分工问题；另一处是运用于操作结束后讨论、交流操作结果。

5. 说活动流程

（1）观摩小魔术表演

我设计小魔术表演目的在于让幼儿通过观看表演，观察其变化过程从而产生好奇心，激发求知欲。魔术演示特意请个别幼儿尝试，有的幼儿能发现……变化，有的幼儿不能发现……变化，什么原因呢？把疑问留给幼儿，让他带着疑问进入下一个环节。

（2）幼儿亲手操作

通过观看老师小魔术表演，孩子们已经跃跃欲试，迫不及待地想动手操作，这时，老师通过直观的演示法，把操作步骤教给孩子，让孩子在观察中得到启发，同时，老师又没有面面俱到地把所有问题都帮孩子解决，而是留有一定余地，让孩子在操作中发现问题，培养他们解决问题的能力。

（3）师幼谈话小结

小结环节能够增进孩子们的交流，激发他们表达的欲望，从中渗透孩子的口语表达能力，也有利于创设浓烈的师幼互动氛围。

（4）应用发现，体验快乐

孩子们利用刚才的探索发现,去合作完成幼儿们的作品,再展示交流,评价完善。让幼儿不断体验获得成功的快乐。

6. 说教学反思

本次活动过程始终以幼儿为主体,创造条件让幼儿积极参与其中,教师为主导,积极调动幼儿的各种感官。在活动中,通过看一看、说一说、做一做等各种体验,激发幼儿学习热情,在操作探索中发现……变化的神秘,感受……变化的乐趣,从而完成预设目标的要求。

(二)数学教育

各位评委老师,大家下午好!今天我说课的课题是科学领域中数学教育部分……(板书或课件展出课题)。

1. 说教材

活动的主要内容是(小班/中班/大班)数学教育中的……。该内容是在幼儿已经知道……的基础上来进行学习的。基于幼儿对……概念不易理解,教材通过操作、观察让幼儿反复进行……的练习,从而帮助幼儿形成……概念。

2. 说活动目标

幼儿园数学是一门系统性、逻辑性、应用性很强的学科,有着自身的特点和规律,《纲要》提出:数学教育必须要让幼儿能从生活和游戏中感受事物的数量关系并体验到数学的重要和有趣;教师要引导幼儿对周围环境中数、量、形、时间和空间等现象产生兴趣,建构初步的……概念,并学习用简单的数学方法解决生活和游戏中某些简单的问题。由此可见,生活化、游戏化已经成为构建数学课程最基本的原则。本次学习活动我制定出如下活动目标:

(1)学习……,引导幼儿归纳出……的关系。

(2)激发幼儿主动探索、与同伴交流的数学兴趣。

活动重点难点:

大班思维中出现抽象逻辑思维的萌芽,在认识事物方面,不仅能够感知事物的特点,而且能够进行初步的归纳和推理。因而本次活动的重点是让幼儿学习……,难点是在此基础上引导幼儿归纳出……的关系。

3. 说教法和学法

(1)本节课属于……概念学习,对幼儿园的小朋友来说比较难理解,为了帮助幼儿掌握学习重点,突破学习难点,依据新的数学课程标准,在教法上力求体现以下几点:

① 创设生动具体的教学情境,使幼儿在愉悦的情景中学习数学知识。充分利用教材提供的教学资源,结合活动室里的环境,充分利用生动有趣的故事情节为幼儿展现每一环节的活动过程,激发幼儿的学习兴趣,调动幼儿的情感投入,激活幼儿原有知识和经验,以此为基础展开思考,自觉地构建知识。

②鼓励幼儿独立思考、自主探索和合作交流。动手实践、自主探索和合作交流已成为幼儿学习数学的重要方式。在教学中,幼儿在具体的操作活动中进行独立思考,并与同伴交流,亲身感悟知识的生成过程,体验学习成功的乐趣。

③尊重幼儿的个体差异。由于幼儿的生活背景和知识水平不同,在参与教学活动的过程中,教师要注意对个别幼儿加强辅导,因材施教。

(2)依据新的课程标准,必须转变幼儿的学习方式,在本次课中幼儿的学习方法上力求体现:

①在具体的情境中幼儿亲身学会解决问题,体验探索的成功、学习的快乐。

②在动手操作、独立思考、进行个性化学习的基础上,开展同伴交流活动,通过互助,让幼儿构建学习方法。

③通过灵活、有趣的游戏,巩固新旧知识,提高数学技能。

④通过观察进行归纳和推理,发展初步抽象逻辑思维能力。

4. 说活动准备

活动准备是为了完成具体活动目标服务的,同时幼儿是通过环境、材料相互作用获得发展的,活动准备必须与目标、活动主体的能力、兴趣、需要等相适应,所以,我既进行了物质准备,又考虑了幼儿的知识经验准备。(一般有:教具、学具、多媒体课件等)

5. 说教学流程

(1)创设情境,游戏导入

……这样的设计是遵循"游戏是幼儿的主要活动"的原则,重在激发幼儿参与活动的兴趣。

(2)自主探索,合作交流

通过抛出贴近生活的数学问题,激发了幼儿的探索兴趣。正如《纲要》中指出:"让幼儿学习用简单的数学方法解决生活和游戏中某些简单的问题。"(小班/中班/大班)幼儿具有活动的积极性、自主性和创造性特点,我安排了操作……活动,让幼儿在操作中自主探索、交流分享,启迪幼儿的智慧。

本班幼儿初步抽象逻辑思维的开始萌芽,在认识事物方面,不仅能够感知事物的特点,而且能够进行初步的归纳和推理。幼儿好学、好问,喜欢有挑战性的学习内容。学习内容要有一定的难度,一定的挑战性,我设计了归纳……关系这一环节,目的是让幼儿"在跳一跳够得着的地方"进一步提升他们对……概念质的飞跃。

(3)知识应用,拓展提升

设计这一环节的意图是让幼儿将所掌握的知识应用于实际当中,引导幼儿对周围环境中数、量、形、时间和空间等现象产生兴趣,同时要求他们进行记录,和同伴交流,有利于发展他们的表达能力、合作能力。

(4)角色游戏,体验快乐

例如,在学习5的分解与组成后,引出《鸭子走》的游戏:1只鸭子前面走,4只鸭子后面走;2只鸭子前面走,3只鸭子后面走。……这样的教学设计让幼儿兴致浓浓地结束本节课,再一次体验成功的快乐。

6. 说活动延伸

好的教育活动不是特定的某一次活动,而是一个长期、持续的过程,特别是对幼儿能力、习惯的培养,活动的延伸不可缺少。因此,我采用把……投放进科学活动区域,引导幼儿在日常生活中操作的方法进行活动延伸,帮助幼儿把本次活动中学到的知识继续提升。

五、艺术领域

(一)音乐活动

各位评委老师,大家好!今天我说课的内容是(小班/中班/大班)音乐活动……(课题)。下面我主要围绕说活动内容、说活动目标、说活动准备、说教法学法和说教学流程五个方面来进行说课。

1. 说活动内容

《纲要》中指出:幼儿是教育活动的积极参与者,活动内容必须与幼儿兴趣、需要及实际能力相吻合,以引导幼儿向最近发展区发展。在幼儿园教学活动中,游戏是幼儿最喜欢的活动方式。音乐游戏则反映了幼儿的生活和他们的情趣,在幼儿生活、学习、娱乐的过程中,观察、了解他们的喜、怒、哀、乐和他们的爱好及动作特点,积累起来加以提炼,反映幼儿生活。……的音乐流畅、动听、节奏鲜明,具有动作性和故事性,富有情趣,音乐诙谐、幽默,深受幼儿喜欢。结合(小班/中班/大班)幼儿的年龄特点及其爱好,我设计了音乐游戏……。

依据《纲要》目标中指出:积极运用语言、动作、表情等方式进行创造性地表现和表达,在认真研究分析教材的基础上大胆对教材进行创编,让孩子们的创造性思维得到进一步的发展。在活动中,我以游戏的形式贯穿活动始终,让幼儿在与环境的交互作用下获得发展。

2. 说活动目标

根据《纲要》和教学内容,结合大班幼儿的实际发展水平,我拟定了适合幼儿发展的三个目标:

(1) 在熟悉歌曲旋律的基础上,学唱游戏歌曲。

(2) 通过听故事、看木偶演示等活动,创编游戏动作,学会游戏的玩法。

(3) 能遵守游戏规则,体验游戏诙谐、幽默的愉快情趣。

活动的重点、难点:

(1) 重点:根据《纲要》和幼儿的已有经验、水平,我个人认为此活动的重点是幼儿在理解歌词的基础上创编动作,并且配上自己的表情。幼儿教师要利用故事性较强的歌词引导幼儿发挥想象,从中建构积极、有效的师幼互动,从而使重点得到解决。

(2)难点:能在游戏中灵活运用已有经验进行创造性的游戏。为幼儿创设宽松、愉快的活动氛围,采用鼓励、表扬、引导以及个别指导的方法,幼儿能大胆想象、自由表现,创造性思维也得到充分发展,在游戏中使难点得到突破。

3. 说活动准备

(1)知识经验的准备:熟悉……的旋律,丰富幼儿的生活经验。
(2)物质准备:各种道具、材料等;创设需要的游戏环境。

4. 说教法学法

本次活动中我运用了启发提问法、引导发现法、观察法、游戏法等。教师用启发、引导的方式,充分调动幼儿学习的积极性,并以游戏的方式贯穿活动的始终,再加上形象、生动的故事,孩子们在游戏中获得知识,习得经验,真正体现玩中学,学中乐。

活动中,我引导幼儿运用游戏操作法、观察法、归纳法来获得知识。因为幼儿是学习的主人,创设游戏的情境,幼儿能够用眼睛看、用耳朵听、用嘴巴说、用脑思考、用动作表现。从而全身心地积极投入到活动中去,并且在创造性游戏中,幼儿用不同的动作、表情表现自己对游戏情节的理解,充分展现小朋友们的自由空间。

5. 说教学流程

(1)创设情景,激发兴趣。

出示……,引起幼儿兴趣。"小朋友你们看这是谁?""噢,小动物告诉我它准备去干一件事,它要去干什么呢?我们一起去看看吧!"。

此环节出示小动物引起幼儿的兴趣,并且用启发提问的方法为下一环节……做铺垫。

(2)提问引导,熟悉歌词。(木鱼伴奏)

这个环节运用讲故事的方法引导幼儿熟悉歌词,理解歌词,为创编动作做铺垫。

(3)伴随节奏,学唱儿歌。

教师带领幼儿一起有节奏地念唱儿歌,加深幼儿对歌词的印象。

(4)创编动作,记忆歌曲。

此环节中幼儿有模仿,有创新,让幼儿的创造性思维得到发展,同时也让幼儿体验与同伴游戏的快乐,充分体现了自主、创新的现代儿童的学习方式。

(5)角色扮演,共享快乐。

在此游戏环节,教师运用语言提示的方法帮助幼儿掌握游戏动作,提醒幼儿遵守游戏规则,引导幼儿做出与音乐节奏相符的各种得意的样子。

(6)活动结束,在音乐中走出活动室。

(二)美术活动

各位领导、各位专家,大家上午好!今天我说课的内容是(小班/中班/大班)美术活动……(课题)。下面我从说教材、说活动目标、说活动准备、说教法学法、说活动流程、说活动延伸等几个方面来举行说课。

1. 说教材

……的内容一般反映了……意识和审美情趣,它可以陶冶一个人的情操,提高审美能力。在《纲要》中指出:发展幼儿绘画时,要培养孩子用不同的材料进行绘画,培养孩子对绘画的兴趣,提高孩子的审美能力,初步感受……笔墨的浓淡变化,所以我设计这节……活动。

2. 说活动目标

(1) 初步了解……画及作画时所需要的工具;

(2) 能用正确执笔姿势画出……特征;

(3) 对……画产生兴趣,并能大胆作画。

重点难点:

活动的重点是:让幼儿学会正确执笔姿势及基本的运笔方法。活动的难点是:幼儿能用正确姿势通过不同的运笔及墨的浓淡表现……的特征。

3. 说活动准备

为了让幼儿更好地了解……画,我准备了……多媒体课件;旧报纸、墨汁、毛笔、颜料、调色盘、宣纸等人手一份;小围裙等。

4. 说教法学法

本次活动我所用的教法有:引导法、观察法、直观演示法、师幼互动法。幼儿通过讨论交流法、观察法、实际操作法来学习本节活动。

5. 说活动流程

为了幼儿更好地学习这节课,我设计了六个环节:

环节一:出示图片,引出课题。

为了引起孩子兴趣,我是这样设计的:"小朋友,今天,老师给你们带来了几幅画,咱们先来欣赏一下。"请小朋友说出图片上的内容,然后把两组图片放在一起,请幼儿仔细观察。这几幅画给人的感觉一样吗?有什么不一样?这几幅画是用什么画的?请幼儿分组进行讨论,引出课题。

环节二:介绍材料,了解用途。

老师介绍工具名称及用途(多媒体课件出示)。让幼儿摸一摸自己的绘画工具,介绍有关工具的用途,并尝试着练习执笔的姿势,老师可以帮助幼儿学会正确的执笔姿势。

环节三:出示实物,教师范画。

首先在桌子上铺一张旧报纸,把宣纸放在报纸上(防止墨汁渗透弄脏桌子),将少量墨汁倒入调色盘中(提醒幼儿要小心,不要将墨汁溅出),拿起毛笔,用笔尖蘸少量墨汁(提醒幼儿正确的执笔姿势,蘸墨汁时不要蘸太多,蘸完后再调色盘上抹一抹,防止墨太多,弄脏宣纸)。然后在宣纸上画出小动物的身体(提醒幼儿注意把握小动物的特征及身体比例)。老师画好后,将画放在一边晾干(提醒幼儿要小心,墨汁还没有干,纸还很湿,一定要轻拿)。

环节四:自由作画

小朋友,刚才看了老师作画,想不想自己试一试,你们肯定会比老师画得好。

① 请一名幼儿总结老师刚才作画的步骤及画画时注意的事项。

② 先请一名幼儿进行试画,让其他幼儿注意观看这名幼儿在作画时存在什么问题,并提醒自己画的时候也要注意。幼儿画完以后,老师就幼儿绘画中出现的问题进行总结。

③ 让幼儿先在旧报纸上练练笔,体会墨的浓淡变化,笔尖、侧锋、中锋画出的效果。

④ 鼓励大胆创新地添画其他景物小朋友。

⑤ 幼儿作品完成后,先让幼儿讨论画完画后应该做些什么,然后指导幼儿将桌面收拾干净,把工具摆放整齐,将画小心地晾干。

环节五:活动结束,欣赏交流。

① 将幼儿作品贴于展板,让幼儿互相欣赏,相互交流画完画后的感受,请几名幼儿讲评一下小朋友的作品。

② 老师进行总结:今天小朋友表现得非常棒,咱们不仅了解了……画,知道了……的绘画工具,而且还用这些工具画出了这么精美的图画,真是了不起,以后经过小朋友的练习,肯定会画得越来越好。

6. 说活动延伸

幼儿将自己的作品带回家让家长欣赏,并请家长帮忙搜集关于……画的其他资料和图片,并与其他小朋友们分享。

(三)舞蹈活动

各位评委老师,大家下午好!今天我说课的内容是(小班/中班/大班)舞蹈活动……(课题)。下面我从说教材、说活动目标、说活动准备、说教法学法、说活动流程、说活动延伸等几个方面来进行说课。

1. 说教材

《纲要》指出:"应支持幼儿富有个性和创造性的表达,发挥艺术的情感教育功能,克服过分强调技能技巧和标准化要求的偏向。"(小班/中班/大班)舞蹈……,该舞蹈选用音乐是一首优秀的传统音乐,能带给人们一种欢快喜庆的情绪,通过欣赏音乐,引导幼儿展开丰富的想象,进行舞蹈创编,对幼儿了解并喜爱舞蹈,进而激发幼儿热爱祖国、热爱生活的情感具有积极作用。

2. 说活动目标

《纲要》指出:艺术活动是一种情感和创造性活动。幼儿在艺术活动过程应有愉悦感和个性化的表现。教师要理解并积极鼓励幼儿与众不同的表现方式,注意不要把艺术教育变成机械的技能训练。因此,整个活动都要以幼儿的想象和意愿为主,教师在活

动中起引导者和支持者的作用,幼儿可以在认知、情感、能力方面都能得到相应的发展,具体目标如下:

(1) 知识目标:通过音乐背景,启发幼儿进行简单的舞蹈创编。

(2) 技能目标:鼓励幼儿运用肢体动作表现音乐中快乐的情绪,会与同伴交流自己感受和乐趣。

(3) 情感目标:通过肢体动作快乐表演,激发幼儿对舞蹈的热爱。

重点和难点:

(1) 活动重点:引导幼儿感受音乐美,体验美,自由地表达自己欢乐喜悦的心情。

(2) 活动难点:能运用学过的动作自由创编舞蹈。

3. 说活动准备

(1) 多媒体课件(乐谱图示,背景图片)。

(2) 舞乐曲、幼儿表演道具。

(3) 布置好场地。

4. 说教法学法

《纲要》提出:"教师应成为学习活动的支持者、合作者、引导者。"活动中,教师要心中有目标,眼中有幼儿,时时有教育,以互动的、开放的、研究的理念,让幼儿真正地成为学习的主体。因此我运用了直观、生动、形象的教学手段,在活动中以激发幼儿的兴趣为出发点,为幼儿搭建了一个自我表现、自我创新的舞台,让孩子们通过发现、欣赏、探索、创新,从而获得成就感。在潜移默化中使幼儿的节奏感、乐感、表演及自由创编能力相应得到培养和提高。

本次活动主要采用的教学方法如下:

(1) 欣赏法。这是舞蹈教学必不可少的方法。在活动中,先引导幼儿整首欣赏,保持作品的完整性,给幼儿一种完整的感受,然后分段欣赏,重点部分重点欣赏。引导幼儿进一步直观地感受舞蹈艺术的造型美,有效地提高幼儿的审美能力。

(2) 示范法。根据舞蹈的难易程度、幼儿接受水平及教学阶段目的的不同,采用完整示范和局部示范。示范前对幼儿提出要求,引导幼儿有目的地观察、模仿。

(3) 启发提问法。提问能引导幼儿有目的地、仔细地观察,启发幼儿积极思维,大胆的想象。运用启发性提问幼儿能将看到的、想到的具体事务用语言描述出来或用动作表现出来,这样的教学活动达会起到事半功倍的效果。

(4) 练习法。它是幼儿亲身参加舞蹈艺术创编活动的一种基本方法,也是幼儿学习舞蹈的基本知识技能,陶冶情感、性格的基本途径。在教师指导过程中主要采用了基本动作、难点动作、分乐句和完整串排练习方法。在幼儿练习、掌握的过程中,我采用了分组、分角色、单独练习方法。

(5) 个别指导法。运用这种方法要有针对性和计划性。对于能力较强的幼儿,从动作美感、自主创编、大胆表现等方面进行个别指导,然后请他个别示范,达到"互相学习"的目的;对于能力稍差的幼儿,从动作规范、完整连贯等方面给予个别指导,缩小了全班幼儿学习舞蹈的水平差距,增强幼儿对学习舞蹈的积极性。

学习方法安排如下:

(1) 幼儿主动探究,发现学习。

(2) 多媒体课件等手段,调动多种感官参与活动。

(3) 发挥想象,创造美。

5. 说教学流程

(1) 播放视频,欣赏舞蹈

今天,老师给小朋友们带来一份礼物……是一段好看的舞蹈。(提出要求:请小朋友仔细看,你喜欢哪个动作、是怎样做的?一会请看得仔细的小朋友给大家说一说。)教师用简短的语言指导幼儿去欣赏舞蹈,调动起幼儿的情绪,获得对该舞蹈的初步印象。

设计意图:借助声像并茂的多媒体课件导入课题,激发幼儿对舞蹈的热爱。

(2) 鼓励模仿,自由表现

师:这个舞蹈,热情奔放,变化丰富,你也试着跳一跳吧?

幼:老师、老师,我能编出比阿姨们更漂亮的舞蹈。孩子们兴奋不已,产生了强烈浓厚的兴趣,为后面的完整创编做了铺垫,整个创作过程以幼儿为主,教师都采用"先试后导"的方法,尊重和肯定幼儿的想法和创造,接受他们的表现方法,在引导幼儿相互交流,相互欣赏。

设计意图:幼儿创编的动作更加符合音乐特点,共同分享表现美、创造美的快乐。为下一步完整创编舞蹈奠定基础。

(3) 感受音乐,自主探究

① 聆听《_____舞》音乐,感受乐曲欢快热烈的情绪。

设计意图:音乐是舞蹈的一个重要组成部分,舞蹈的动作要依据音乐来进行。在听音乐时,老师和幼儿一起感受乐曲的欢快及强弱节拍,并用身体动作表现:强—拍手,弱—拍肩。

② 再次组织幼儿听音乐,明确乐曲节拍。

设计意图:让幼儿完整感知音乐,这是一个逐渐提高的过程。老师利用动画图谱,将音乐结构直观表现出来,使幼儿在一次次探索中自主得出结论"有六个八拍"。

(4) 拓展思维,自由创编

① 提问幼儿怎样才能编出好看的舞蹈,在编舞时应该注意什么?

运用分组讨论法,教师发散性的问题引领幼儿从表情、动作、造型中发现美,为下一个环节的开展起到承前启后的作用。

② 组织幼儿自由分组听音乐创编舞蹈动作,教师巡回指导。

设计意图:在这个环节中,老师给了孩子自由尝试创编的机会,并观察幼儿的表现,有的孩子自己组合创编舞蹈动作,还有的孩子和旁边的小朋友交流着自己的动作。他们结合自己的经验随着音乐节奏欢快地跳着。

③ 教师巡回指导,个别交流:"你是怎么编的?你在音乐的什么地方跳这些动作呢?""这个动作真好看,表演给小朋友们看"……

设计意图:老师鼓励幼儿大胆表现自己的想法,在尝试和交流中获得自由表现和创造的快乐。交流时,老师按幼儿讲的顺序,邀请小朋友到前面表演,并放在相应乐句下。老师引导幼儿根据讨论出的动作顺序听音乐完整表演舞蹈。

④ 启发幼儿、不断创新。

师:你还知道哪些舞的动作,可以怎样跳呢?

幼儿听音乐自由舞蹈。

设计意图:本环节老师鼓励幼儿自由组合动作,只要符合音乐节拍、音乐结构即可,给了幼儿大胆表达自己情感的空间,使幼儿在尝试的过程中体验到舞蹈动作的组合可以有许多种,可以根据自己的意愿来编排,同时引导幼儿去求异和创新。

(5) 分别展示、巩固提高

① 听音乐,以多种形式表演红绸舞蹈,感受创作的欢乐。

② 为舞蹈创想名字。

这个环节给了幼儿与同伴交流情感的机会,培养了幼儿在有限空间活动的能力,进一步满足了孩子们的探索、创新的需要,激发幼儿浓厚的兴趣及表现的欲望,把整个活动推向了高潮。

6. 说活动延伸

利用区角活动,引导幼儿继续探讨其他的造型,并将自己的想法画下来。

幼儿的兴趣未尽,这样的设计可以引领幼儿继续学习,向更广阔的天空发展,为新的艺术活动生成奠定基础。

课后练习

1. 幼儿园说课稿的一般框架是什么?在说教材部分主要围绕哪些方面进行阐述?
2. 幼儿园"五大领域"说课稿基本框架是什么?它与一般框架之间有何区别与联系?

第四章 幼儿园说课案例

扫描二维码
观看幼儿园说课视频

1. 知道"五大领域"说课稿结构及基本要求。
2. 了解同一个"领域"说课稿在小、中、大班的差异。
3. 学会撰写说课稿。

第一节 健康领域说课案例

《认识五官》说课稿(小班)

尊敬的各位老师:

大家好!今天我说课的题目是《认识五官》,我将围绕教材分析、学情分析、活动目标、教法学法、活动流程设计五个方面进行阐述。

1. 说活动教材

《指南》中健康领域的学习与发展目标指出,幼儿阶段是儿童身体发育和技能发展极为迅速的时期,为有效促进幼儿身心健康发展,应帮助幼儿养成良好的生活与卫生习惯。

2. 说学情分析

在我们小三班,一部分孩子经常用手挖鼻孔,把东西放到嘴里,没洗手就去揉搓眼睛,很多时候时不能用语言很好地表达自己的想法和需求。为了能让孩子们养成良好的卫生习惯,我们设计了一系列的习惯养成教育课程,重在实现孩子们的健康成长。

3. 说活动目标

(1) 认知目标:能正确说出五官的名称,了解它们的准确位置。

(2) 技能目标：知道五官的用途，以及懂得如何保护它们。
(3) 情感目标：培养爱护自己的五官良好意识。

重点难点：

重点：了解五官的准确位置并知道它们的用途。

难点：懂得如何保护五官。

4. 说教法学法

根据孩子们的年龄特点，我运用了三种教学法，分别是观察法、提问法以及情景式教学法。通过对这三种教学法的整合交替使用，让幼儿与多媒体中的人物进行对话，激发学生的学习兴趣，从而达到教学效果。

拟人化的形式、多彩的画面以及在情景中互动，特别能激发孩子们的好奇心，因此活动中运用了多媒体演示学习法、倾听与表达学习法、情景游戏学习法，进而提高孩子们运用语言等能力。

5. 说活动流程

(1) 韵律导入

活动通过韵律《五官歌》进行导入，激发孩子们的兴趣，活跃课堂气氛，同时引出主题。

(2) 情境导入（引导幼儿了解五官的作用）

首先，老师通过PPT的播放，介绍出五位小客人，而这五位小客人都分别少了一种五官。

接着，进入游戏环节"猜猜我是谁"。老师提问："请问哪个小客人闻不到味道？"孩子们找出没有鼻子的那个小客人，再提问："我们的鼻子是用来干什么的？"通过观察与提问的方式，和孩子们一起探索五官的作用。如此类推，剩下的四种五官也是这样进行学习。

(3) 设计"让我来帮帮你"的情景游戏（让幼儿学会对五官进行保护）

首先，通过多媒体中的人物，告诉孩子们为什么他们的五官分别离开了他。

为了能让尽量多的孩子们都有参与游戏的机会，通过PPT图片以及音频的结合，每位小客人轮流出现，每位小客人都和孩子们进行问答对话。例如：

师："我们先来帮助——吧，——请你再说一次鼻子为什么离开你？"

——："因为我老喜欢挖鼻子，有一天力气太大了，把鼻子都挖流血了，于是，鼻子离开了我。"

师："平时我们鼻子痒的时候应该怎么办？"老师和孩子们一起探寻保护鼻子的方法。当孩子们回答出来并告诉屏幕中的——后，——的鼻子又变了回来。通过情景游戏方式，充分激发孩子们的学习兴趣。

(4) 手指小游戏

最后通过一个手指小游戏结束我们的活动，再次巩固孩子们对五官的认知。

师:"鼻子鼻子,在哪里?"

孩子们边指着鼻子边回应:"鼻子鼻子,在这里。"

就这样,在韵律游戏中快乐地结束我们本次活动。我的说课完毕,感谢您的聆听!如有不当之处敬请各位老师指导!

《好宝宝,不挑食》说课稿(中班)

各位评委老师,大家好!

今天我说课的课题是中班健康教育活动《好宝宝,不挑食》。下面我将从说活动教材、说活动目标、说活动准备、说活动方法、说活动流程、说活动反思等环节进行说课。

1. 说活动教材

结合本学期我们中班开展的《香香的蔬菜》主题活动,小朋友对食物有了初步的认识,但通过我多次观察发现,许多的孩子还是很挑食,有喜欢吃肉不喜欢吃蔬菜的,也有喜欢吃蔬菜不喜吃肉的。但更多的是喜欢吃零食不喜欢吃饭。《纲要》中明确指出,幼儿园要与家长配合,根据幼儿的需要建立科学的生活常规,培养幼儿良好的饮食习惯。设计本次活动旨在让孩子们能更好地去了解挑食给小朋友带来的危害以及各种食品的营养,培养小朋友养成不挑食的好习惯。这也是围绕我园《弟子规》特色教学开展的一次(对饮食勿拣择)的践行活动。

2. 说活动目标

(1) 活动目标

本次活动我设定了以下几个目标:

① 初步了解挑食给小朋友带来的危害。

② 进一步认识各种蔬菜,初步了解蔬菜及其他食物对人体的作用。

③ 培养幼儿养成不挑食的习惯。

(2) 重点、难点

本次活动的重难点是帮助幼儿认识挑食的危害,培养幼儿养成不挑食的好习惯。

3. 说活动准备

夸张的胖宝宝、瘦宝宝的图片及常见的各种食物的图片。

4. 说活动方法

《纲要》指出:"教师应成为学习活动的支持者、合作者、引导者。"在本次活动中我主要采用了以下几种方法:

(1) 直观展示法。让幼儿观察夸张的胖宝宝和瘦宝宝的图片,引发幼儿思考:他们怎么那样胖或那样瘦呢?

(2) 讲述法。通过生动形象地讲述,能激发幼儿的情感共鸣,引导幼儿理解本课内容,帮助幼儿树立简单的是非观念。在讲述的过程中,根据需要,我注意控制语速和音调的变化,采用不同的音色来展示不同事物的对话,如出示胖宝宝时我会这样说:"我是胖宝宝,我很胖很胖,胖得路都走不动了。"出示瘦宝宝时我就这样说:"我是瘦宝宝,我很瘦很瘦,瘦得风一吹就要倒了。"从而较好地表达胖宝宝与瘦宝宝的心声,帮助幼儿更好地理解事物的形象特点,并能较好地集中幼儿的注意力,为提高教学效果和突破重、难点做准备。

(3) 讨论法。让幼儿根据自身的生活经验互相合作,共同探讨问题的答案。在活动中,我将讨论法融合在讲述过程中,如请小朋友们共同讨论:他怎么这么胖呢? 他又为什么这么瘦呢?

(4) 提问法。提问是教师引导幼儿观察事物,要求幼儿再现已掌握的知识,启发幼儿积极思维的重要手段。我主要运用了解释性提问(如:他怎么这么胖呢? 他又为什么这么瘦呢?)、假设性提问(如:如果你是他们的爸爸妈妈,你会怎么做呢?)等。在提问时,针对不同能力层次的幼儿,比较容易的问题可让水平比较差的幼儿回答,需要幼儿描述的问题,如总结、归纳性的问题,就请能力较强的幼儿回答,使每个幼儿都能体验到成功的喜悦。

5. 说活动流程

(1) 激趣导入

① 出示夸张的胖宝宝、瘦宝宝的图片。

我是胖宝宝,我很胖很胖,胖得路都走不动了。你为什么这么胖呢? 引导幼儿互相讨论,最后找出原因:因为我喜欢吃肉不喜欢吃蔬菜,并且我每天要吃很多东西。

我是瘦宝宝,我很瘦很瘦,瘦得风一吹就要倒了。你为什么这么瘦呢? 同样先引导幼儿互相讨论去寻找原因:因为我喜欢吃零食不喜欢吃饭。

② 总结宝宝过胖或过瘦的原因,引出挑食的危害,再引导幼儿思考挑食除了会让宝宝变得过胖或过瘦以外还有哪些危害呢? 让幼儿思考讨论,教师加以总结。

(2) 大家行动起来帮助三位宝宝养成不挑食的习惯

① 帮助挑食宝宝了解蔬菜及其他食物的营养(出示常见食物)。

我是白菜宝宝,吃了我以后,你们的皮肤会很好。

我是胡萝卜宝宝,小朋友要和我做朋友,吃了我以后,你们的眼睛会变得更加明亮。小白兔可喜欢我们了。

我是香菇宝宝,我身上有许多的营养,吃了我身体会更加健康。

我是蒜头宝宝,可别忘了我,吃了我以后,你们就可以少生病。

我是猪宝宝,吃了我你们会有力气。

我是鱼宝宝,吃了我你们会更聪明、更强壮。

② 总结各种常见食物的营养。

③ 帮助挑食宝宝合理搭配不挑食。

教师引导如何合理搭配(荤素搭配)。

教师出示各种蔬菜及其他食物的图片,请小朋友自己进行搭配。

(3) 结合《弟子规》总结全文

总结:我们都是好宝宝,吃东西不能挑食,《弟子规》中也要求我们吃东西不能挑食,它是这样说的:"对饮食勿拣择。"幼儿复述,教师板书。

（4）活动延伸

引导小朋友进入各区域进行活动。结合本节课我设置了以下四个区域:

① 语言区:请幼儿以各种方式诵读弟子规。

② 益智区:蔬菜拼图、食物营养搭配、食物与数字配对。

③ 美工区:绘画食物、粘贴食物。

④ 角色区:小饭店。

6. 说活动反思

本次活动充分考虑中班幼儿的年龄特点及认知水平,从幼儿身边的事情入手,通过各种图片及事例让幼儿进一步认识挑食所带来的危害,培养幼儿不挑食的习惯。

通过区域活动的设置,特别是让幼儿对食物进行营养搭配及小饭店的开展,能进一步巩固幼儿对本次活动的认知和理解。

但我想今天所展示的这个活动肯定还存在着许多不足之处,希望各位领导老师给予批评指正,谢谢大家!

案例评析

（1）设计符合幼儿日常生活中出现的挑食问题,结合实际,有实用性与针对性。

（2）活动目标初衷设计很好,但是前两条如果能把主体由教师转换成幼儿自己更好。

（3）活动过程的胖瘦对比有趣味性,容易激发幼儿的求知兴趣,引人入胜。

（4）活动过程中有序介绍多种蔬菜宝宝,内容丰富,能拓展幼儿的学习视野。

《我该换牙了》说课稿(大班)

各位评委老师,大家好! 今天我说课的课题是大班健康活动《我该换牙了》。

1. 说活动教材

《纲要》中倡导:幼儿园健康教育要根据幼儿身心发展特点,通过适宜有效的多种活动,提高幼儿的健康认识水平,改善幼儿的健康状态,培养幼儿的健康行为,最终使幼儿形成良好的健康生活方式。换牙对于幼儿来说是成长的标志,大班幼儿正处于换牙期,但是他们对换牙了解得并不多,很多幼儿既好奇又害怕,而且由于生活水平的提高,很多孩子常吃甜食,却没有保护乳牙意识,导致有蛀牙的幼儿很多。为此,在换牙初期,学习保护新长出的牙齿就显得尤为重要。为此,我设计了该教学活动,让幼儿认识换牙是一种正常的生理现象,学会保护牙齿的方法,为养成健康的生活方式打下良好的基础。

2. 说活动目标

根据大班幼儿逻辑思维能力已经萌芽的年龄特点和对活动的整体考虑,我制定了以下活动目标:

(1)认识换牙是一种正常的生理现象,不用害怕。

对换牙现象有正确的了解,消除幼儿的疑虑和恐惧是首先要达成的目标。

(2)学习保护新长出牙齿的方法,养成良好的口腔卫生习惯。

健康生活方式的形成是健康教育活动的起点和归宿。因此,该目标是活动的重点部分。

(3)体会牙齿健康对身体的重要性。

感受到牙齿健康的重要性,是形成良好的口腔卫生习惯的动力所在。

3. 说活动准备

围绕活动目标,我进行了如下活动准备:

(1)经验准备:活动前展开幼儿换牙情况调查,了解幼儿换牙状况。给幼儿发换牙记录表一张,让幼儿记录。

(2)材料准备:保护牙齿的多媒体图片若干张。

4. 说教学方法

根据本次活动目标、内容及大班幼儿年龄特点,我采用如下教学方法:

(1)讨论法。大班幼儿对牙齿已经具备一定的相关知识经验,且逻辑思维能力有所发展。组织幼儿积极参与换牙话题的讨论,交流想法,提高幼儿的语言表达能力和思维能力。

(2)体验法。让幼儿说一说自己的换牙经历,亲眼看一看身边小朋友的换牙情况,有助于激发幼儿探索、发现的兴趣。

5. 说活动流程

(1)讲述故事,引入课题

我给幼儿讲一段精彩的小故事《多多的牙齿》,大概情节是:多多是幼儿园大班的小朋友,一天中午,多多正在幼儿园吃饭,突然,多多两只手捂着嘴"哎哟哎哟"地叫起来。原来多多的牙齿松动了,快要掉了,刚才他吃饭不小心碰到牙齿,疼得忍不住叫起来。

教师:"多多的牙齿怎么了?好好的牙齿怎么会掉下来呢?"引发幼儿谈论换牙的话题。创设情境,导入活动,激发起幼儿的好奇心。

(2)找一找"谁换牙了"

① 出示调查表,请幼儿将换牙记录卡片贴出来。

调查表主要是对班上幼儿现阶段换牙情况的一个了解,每个幼儿都要参与,把自己的换牙记录卡贴到指定的位置。

② 引导幼儿相互观察。

让幼儿认真观察记录卡,了解身边小朋友的换牙情况。引导幼儿看一看换牙小朋友的牙齿,使幼儿获得对换牙的直观认识。

③ 说一说:换牙情况。

在幼儿充分观察后,教师提出问题:"谁换牙了?换了几颗牙?谁还没有换牙?为什么小朋友换牙的数量不同?"

④ 统计换牙情况。

这一步骤,我会请其他班的幼儿对我班幼儿换牙情况进行统计,使他们认识到换牙是很多小朋友成长过程中都会经历的事情。

(3)议一议:换牙的感受

① 说说换牙的感受。

我会请正在换牙的幼儿说说自己换牙时的感受。如换牙有什么不方便的地方?自己的牙齿是怎样掉落的?牙齿掉落时有什么现象等。这一步骤的目的是让幼儿了解换牙出现的情况,让幼儿知道换牙时不用害怕,完成目标(1)。

② 了解换牙的卫生。

这一环节教师提出一些问题:"如果你的牙齿松动了,能不能用手摇一摇让它快一点掉下来?为什么?有的小朋友喜欢用舌头舔刚长出来的牙齿,能不能这样做?为什么?"

让幼儿知道换牙时应该怎么做,不能怎么做,掌握必要的换牙卫生知识。

(4)教师小结

换牙是正常现象,没有什么可怕的,说明小朋友长大了,被换掉的是乳牙,新长出的是恒牙,恒牙是要陪伴我们一生的。在换牙时,不要用舌头舔,不要用手摸,否则长出的牙齿就不整齐了。

(5)说一说:怎样保护牙齿

这是本次活动的重点部分。我通过多媒体手段、讨论和观察等方法,让幼儿保持盎然的兴趣,引导幼儿积极讨论和交流保护牙齿的好方法,从而促进幼儿养成良好的个人卫生习惯和饮食习惯。

① 健康的牙齿对我们身体的作用是什么?

我们不仅要让孩子们知道换牙是每个人身体生长必须经历的一个过程,还要引导幼儿说一说健康的牙齿对我们身体的重要性。这是他们开动脑筋、想办法保护牙齿的动力。

② 观看动画片,让幼儿了解如果有蛀牙,会带来什么样的麻烦?

师:"小朋友知道了健康的牙齿对我们的身体很重要,那么你知道有什么保护牙齿的好方法吗?"

③ 引导幼儿讨论如何保护牙齿。

首先,我采用引导语导入本环节:"既然牙齿健康对我们的身体很重要,而且如果恒牙不小心碰掉了,或者蛀掉了,就再也长不出新牙了,那很难受的,所以我们要保护好牙齿。"

幼儿知道了健康的牙齿对我们的身体的重要性,从而加深幼儿对牙齿的认识,进一步加深了对爱护、保护牙齿必要性的认识。而大班幼儿对牙齿已经具备一定的知识经验,所以能说出很多日常生活中保护牙齿的好办法,为养成良好的口腔卫生习惯奠定基础。

④ 教师和幼儿一起总结保护牙齿的好方法。

保护牙齿的好方法有:检查牙齿、早晚刷牙、用正确的方法刷牙、饭后漱口、选择合适的牙刷和牙膏、不咬硬物、不多吃糖、不用手摸等。帮助幼儿整理知识,提升思维水平。

6. 说活动延伸

我设计的活动延伸是采取家园共育的方法,请家长为孩子选择他们喜欢的牙刷、牙膏,培养幼儿对刷牙的兴趣,帮助幼儿养成早晚刷牙及饭后漱口的卫生习惯。

《袋鼠旅行》说课稿(大班)

各位评委老师,大家好!今天我说课的课题是大班体育活动《袋鼠旅行》。

1. 说活动教材

像走、跑、跳这样的体育技能活动有些枯燥无味,如果活动形式不能吸引幼儿的话,就会造成幼儿的参与性不高,导致幼儿的活动量不够,技能训练达不到要求。而这些基本的体育素质,是幼儿身心发展的基础。

在活动中,为了提高幼儿的兴趣,我采用了幼儿常见又十分喜爱的布袋作为活动材料,采用活动难度从低到高的顺序安排,将整个活动过程用故事串联,吸引幼儿不断挑战,幼儿活动难度层层递进,不仅达到了技能训练要求,还能培养幼儿不怕困难、勇于接受挑战的勇敢、坚强的品质。

2. 说活动目标

(1) 练习两腿并拢跳过不同高度和宽度的障碍物。

(2) 掌握双腿跳跃技能。

(3) 体验体育游戏的乐趣。

练习是形成技能、能力的有效方法。所以,在活动中进行练习是首先要完成的目标。通过练习,形成技能是体育活动的核心目标,体验体育游戏的乐趣是幼儿投入到体育活动中的动力。

3. 说活动准备

(1) 布袋(每个幼儿1个),垫子4块,跨栏12个,鞋盒12个。

(2) 场景布置(小河一条、小树7棵、垫板8块)。

4. 说活动方法

教学方法是达成活动目标的手段,根据本次活动的目标、内容,以及大班幼儿的身

心特点,我采用了以下方法:

(1) 讲解法。教师简单、明了地讲解活动过程中的规则,对活动的进行至关重要。

(2) 练习法。身体练习是体育锻炼最基本,也是最重要的手段。采取各种形式,让幼儿真正积极地投入到身体练习中,对锻炼各种身体技能至关重要。

(3) 游戏法。游戏是儿童最喜欢的活动方式,因此,在活动中采用游戏的方式,能使幼儿兴趣盎然地投入到体育活动中。

5. 说活动流程

活动过程分为以下几个环节:

(1) 热身活动

① 队形队列练习(齐步走、左右转、左右看齐、前后转、报数)。

② 随音乐做热身运动。

带领幼儿做队形队列练习和随音乐做热身运动,目的是使幼儿上下肢及躯干大肌肉群、关节、韧带得到活动,将身体各器官系统的机能调动起来,为体育活动做好生理上的准备。

(2) 实物导入,激发兴趣

① 教师出示活动材料——布袋实物,激发幼儿的活动兴趣。

"今天老师给你们准备了一些好玩的东西,快看看是什么?"幼儿排队取布袋,"这些布袋怎样玩呢?"

② 幼儿自由探索布袋的玩法,教师巡回指导。引导幼儿单独玩或几人合作一起玩,看谁玩的花样多。

③ 教师引导幼儿钻入布袋,探索在布袋里的各种玩法,启发幼儿讲述自己模仿的是哪种小动物,引出袋鼠跳。

自由探索布袋的玩法,一方面是为引出本次活动的主题——袋鼠跳,另一方面是为了继续热身,为本次活动的基本部分做好生理和心理准备。

(3) 准备旅行

练习两腿并拢跳过不同高度和宽度的障碍物。

首先,我通过语言描述设置游戏情境,激发幼儿练习双腿跳的兴趣:"春天来了,妈妈要带着小袋鼠去旅行啦。可是在旅行的路上可能会有非常多的困难,有小河、小山,如果小袋鼠们没有本领行不行呢?那袋鼠们赶快来学本领吧!"

① 教师介绍场地和规则。

"小袋鼠要一个接一个地双腿并拢跳过篱笆,跳过小河,一个一个爬过草地,然后再回到起点重新开始,小袋鼠要注意安全,把袋子提起来不要摔倒,不推不挤不乱。"

② 幼儿练习,教师巡回指导。

教师指导幼儿跳的姿势,并引导幼儿用多种姿势爬过草地。在此环节,教师要注意引导幼儿逐步提高难度。为照顾到不同能力水平的幼儿,要让幼儿自己选择跳过不同宽度的小河,跳过高低不同的田埂,尝试用多种方式通过草地,为旅行做好准备。

③ 幼儿展示袋鼠跳。

让幼儿展示自己是怎样跳的。我采用这样的语言引导幼儿:"看哪只小袋鼠的本领最强,我将带他去神秘的森林旅行,跳得最稳,爬得最快,最文明的小袋鼠将随我去旅行。"

这个环节主要是让幼儿练习两腿并拢跳过不同高度和宽度的障碍物,在整个过程中教师要注意引导幼儿逐步提高练习的难度,同时要照顾到不同能力水平的幼儿。

(4) 袋鼠旅行

本环节是在前面练习的基础上,真正地进入游戏情境,开始旅行。教师要注意,肯定幼儿在前面练习环节中付出的努力,为本环节的旅行做好情绪上的准备,在整个旅行过程中,要注意对胆小的、能力弱的幼儿给予鼓励、支持与帮助。

我这样引导幼儿:"小袋鼠的表现可真棒,都可以去旅行了,可是森林会有很多危险,你认为会有哪些危险?我们怎样做才安全呢?我们在森林旅行时一定小心野兽,不要惊动它们,来跟老师一起进入大森林吧!"

① 幼儿双脚套入布袋扮成"袋鼠",列队准备旅行。

② 师幼共同观察旅行路线,明确动作要求(选择跳过不同宽度的小河,跳过高低不同的篱笆,尝试用多种方式通过草地)。

③ 第一次旅行:教师观察幼儿活动情况,及时发现能力稍弱的幼儿,给予帮助、鼓励。

④ 交流反馈,同样路线返回(注意提醒、帮助第一次未能顺利通过的幼儿)。

⑤ 第二次旅行:增加难度,旅行过程中遇到了山羊。

(5) 游戏:跳山羊

① 师幼讨论,明确游戏规则:如何分别跳过睡着的和醒来的山羊?

② 幼儿分组游戏:一组袋鼠扮演"山羊",躺下入睡,一组袋鼠轻轻跳过山羊的身体。山羊醒来后,袋鼠必须立即躲闪,不发生冲突。

③ 交换角色继续游戏。

④ 教师小结,肯定幼儿在游戏中勇敢、智慧的表现。

第三、四、五环节是本次活动的重点环节,我采用幼儿非常喜欢的游戏方法,尤其是第二次旅行中,为增加难度,设置了跳山羊的游戏,以此激发孩子练习的兴趣,让幼儿通过各种形式,练习双腿并拢跳过不同高度和宽度的障碍物,从而掌握双腿跳跃的技能,并在整个活动过程中,充分体验体育游戏的乐趣。本环节主要是采用新的游戏情境,用不同于前面的方式,让幼儿继续保持盎然的情绪,练习双腿跳,使幼儿的活动量达标。

(6) 随音乐做放松运动,活动结束

① 放松运动:"山羊回家吃饭了,小袋鼠们玩得累了,我们来敲敲腿放松一下,给小伙伴也敲一敲。"

② 整理布袋:抖抖布袋——变成矮个子,变成小瘦子,收起放好。活动自然结束。

6. 说活动延伸

游戏后,大家沉浸在胜利的喜悦中,让幼儿在优美和谐的音乐声中慢慢放松身体,使原来兴奋的神经逐渐恢复到相对安静的状态,在轻松愉快的气氛中结束活动。

第二节　语言领域说课案例

《小老鼠打电话》说课稿(小班)

各位评委老师,大家好!今天我说课的课题是小班语言活动《小老鼠打电话》。

1. 说活动教材

打电话是人们生活中不可缺少的联系方式。在日常生活和游戏中,小班幼儿时常会模仿成人打电话。但由于他们年龄小,词汇贫乏,不知道打电话要使用礼貌语言,不知道先介绍自己是谁,说话无伦次,不能达到顺利沟通的效果,更缺乏主动倾听的意识。《纲要》中提倡幼儿园应以游戏为基本活动形式。我设计了本次语言游戏活动"小老鼠打电话"。内容贴近幼儿生活。形象鲜明突出,游戏化的语言易于小班幼儿模仿和学习,非常符合小班幼儿的年龄特点。

2. 说活动目标

小班幼儿语汇积累较少,不会合理使用礼貌用语,缺乏倾听的意识。他们语言表达能力不完整,语音不清晰,注意力容易分散,以无意注意为主。根据小班幼儿的认知水平,本次活动的目标拟定如下:

(1)学习乐意与人交谈,正确使用简单的礼貌用语。

(2)学会倾听,养成初步的游戏规则意识。

重难点:

小班幼儿语汇积累不够丰富,合理使用礼貌用语能力意识不强,语言表达完整性欠缺。因此,通过游戏引导幼儿交谈并学习使用简单的礼貌用语是本次活动的重点。小班幼儿处在规则游戏发展的初级阶段,他们没有规则意识,所以把活动的难点定为:养成初步的游戏规则意识。

3. 说活动准备

在教学准备方面,采用家园共育的方法,让家长帮助幼儿认识和了解电话,丰富幼儿打电话的经验。在活动室创设小老鼠的家的场景,挂上小老鼠的照片,放上娃娃家的用具和电话一部。另外,准备小老鼠和小松鼠的头饰,准备玩具电话机。

环境赋予幼儿的影响作用十分显著,以上准备的目的在于帮助幼儿进入游戏氛围,明确游戏角色。

4. 说活动方法

本次活动运用的主要方法有游戏法、示范法、讲解法。

(1) 游戏法。让幼儿在轻松、愉快的游戏氛围中,充分地表现自我,大胆说话。充分体现《纲要》中提出的"语言能力是在运用的过程中发展起来"的精神实质。

(2) 示范法。通过教师示范游戏,为幼儿提供具体模仿的范例。

(3) 讲解法。教师示范的同时,辅助以讲解。通过讲解游戏规则,使幼儿明白游戏的玩法,从而使活动顺利开展。

5. 说活动流程

(1) 听儿歌,导入活动

活动开始,请幼儿们听一首儿歌:"小老鼠打电话,约来朋友过家家,喂喂喂,你好呀,请你到我家来做客。"之后,提出问题:"小朋友,谁会到小老鼠家做客呢?我们一起去小老鼠家里看一看吧。"通过说儿歌,既让幼儿感知了游戏内容,同时也激发了幼儿的学习兴趣。

(2) 介绍游戏玩法

教师出示小老鼠和小松鼠的头饰,让幼儿自主选择想要扮演的角色头饰,选好后按角色分为两组,使教学显得更为生动活泼。接下来,请一名幼儿与教师一起示范游戏玩法。教师戴上小老鼠头饰,幼儿戴上小松鼠头饰,表演小老鼠邀请小松鼠做客的情景。

教师:"小老鼠,打电话,5432678,铃铃铃,你好呀,小松鼠,你好呀,小松鼠,今天请你来我家做客好吗?"

幼儿:"谢谢你,小老鼠,马上就到你的家。"

教师:"再见,小松鼠。"

幼儿:"再见,小老鼠。"

通过教师和小朋友的情境表演,使幼儿理解游戏的基本内容。小班幼儿生活经验有限,教师应根据幼儿打电话时有可能出现的问题,在讲解游戏玩法的基础上,通过提问来强调游戏规则。例如,"小朋友们,小松鼠接到电话后,是怎么回答的?"通过提问,结合示范让幼儿了解游戏的规则和玩法,从而突破活动难点。

(3) 幼儿自主游戏

幼儿熟悉游戏内容、玩法和规则后,进入自主游戏阶段。教师带领幼儿一起玩"打电话"的游戏,幼儿掌握游戏的玩法后,教师组织幼儿自由结合进行练习。启发幼儿想一想"在哪儿"与"干什么"的内容,编入到游戏中进行对话。也可提供具体的情景,"如果你过生日,想打电话约好朋友,你会怎么说呢?"在活动中,教师是观察者和指导者,适时参与和调节幼儿出现的矛盾和纠纷。要督促幼儿遵守游戏规则,如果因为幼儿玩得兴奋,忘了拿着电话说,要给予提醒和帮助。

这一环节采用的是游戏法。小班幼儿处于典型角色游戏的发展期。活动中,以幼儿自主参与为主,充分调动幼儿学习的积极性,进一步巩固本次活动的重难点。

(4) 游戏评价

我通过评价游戏结束教学活动。表扬参加游戏、遵守规则的小朋友,正确使用礼貌用语的小朋友,对正确、规范的语言要加以肯定,对游戏中存在的问题与不足加以引导与纠正。

6. 说活动延伸

《纲要》中提出:发展幼儿语言的关键是创设一个能使他们想说、敢说、喜欢说、有机会说并能得到积极应答的环境。我将在娃娃家中投放小电话,给幼儿提供打电话的环境和机会,让幼儿在平时的游戏中继续"打电话"。

《熊和鸟窝》说课稿(中班)

各位评委老师,大家好!今天我说课的课题是中班语言活动《熊和鸟窝》。

1. 说活动教材

排图讲述是一种创造性的讲述,是启发幼儿在观察图片、理解图意的基础上用恰当的词句表达图意的一种活动,也是发展幼儿口语表达能力的重要形式。这种活动的特点在于所给的图片可以按不同的顺序排列,从而讲出不同的故事。在中班进行排图讲述活动,是对幼儿各方面素质发展的巩固和深化,无论从孩子的情感、态度、能力的培养,还是智力发展、知识建构方面都起着承前启后的作用。

2. 说活动目标

结合中班幼儿的年龄特点和语言发展水平,我制定以下活动目标:

(1) 仔细观察图片,感受理解图片内容。

(2) 能按自己的理解和想象排列图片,并尝试完整连贯地讲述。

(3) 乐意参与讲述活动。

重点:幼儿按自己理解和想象的事件发展顺序,尝试排列图片并连贯讲述。

老师要引导孩子理解一个完整的故事,要有时间、地点、人物、发展变化等要素,以此方法来突出重点,既不限制孩子,又教给孩子编故事的方法,构建可持续发展的认知基础。

难点:幼儿用不同的排图顺序讲故事。

通过组织幼儿观察图片、展开想象,幼儿之间相互交流各自的构思想法,最后通过完整讲述故事来展现故事内容。

3. 说活动准备

(1) 示范图 4 张,幼儿每人一套小图片(便于幼儿更直观地观察图片,方便排图活动的展开)。

(2) 红黄蓝队标志,故事小精灵头饰,音乐,奖状(吸引幼儿的注意力,让幼儿对活动始终保持高度的热情)。

4. 说活动方法

(1) 观察法。因为幼儿期的思维特点是以直观动作思维、具体形象思维为主，幼儿可以通过生动有趣的画面，直观地去理解故事内容，还可以提高学习的兴趣。排列图片顺序必须在观察的基础上，透彻地理解图片的内容，经过自己的分析判断来完成。

(2) 讲述法。讲述的过程是幼儿创造性地运用语言，提高语言表达能力的过程，需要创造一个自由、宽松的语言交流环境，支持、鼓励、吸引幼儿与老师、同伴间的积极对话，充分解放幼儿的大脑和嘴巴，让幼儿想说、敢说、喜欢说、有机会说，并积极地应答、评价。

(3) 练习法。在教师的帮助辅导下，通过多次重复地练习讲述，使幼儿熟悉地掌握故事情节，在此基础上讲述更多有趣的、精彩的故事。我将通过"讲故事比赛"来加深孩子对此故事的印象。

(4) 示范法。开阔孩子的思路，同时起到榜样示范的作用。

5. 说活动流程

(1) 教师通过扮演"故事小精灵"创设活动情境

将幼儿分成红、黄、蓝队，我会这样引导孩子："红、黄、蓝队的小朋友，大家好，我是故事小精灵，今天我们森林里要举办一个'讲故事比赛'，你们愿意参加吗？看哪一队讲得最好、最棒。小精灵是有奖励的！"好的开始是成功的一半，这样的导入能激发幼儿的兴趣，有效地吸引幼儿的注意力。实现了目标中乐意参与讲述活动的要求。

(2) 引导幼儿观察图片并大胆讲述

① (小熊爬上树放鸟窝) "我们一起来看看图上有谁？它在干什么？是在什么时间、什么地点发生的事情？"该环节让幼儿了解故事的基本要素，重点引导幼儿说出故事发生的时间、地点、人物和事件。

② (小熊被鸟窝砸中脑袋) "小熊怎么了？是什么东西砸着小熊的脑袋了？"启发幼儿动脑筋，拓展幼儿思维。着重引导幼儿讲述小熊的心情，请幼儿模仿难过的表情。通过这种方式让幼儿更加深刻地体会图中小熊的情感。

③ (忽然刮起大风) 提问："看看天气怎么样？你是怎么看出来的？小熊在树下干什么？"

④ (小熊在树下美美地睡觉) 提问："小熊在什么地方，干什么呢？周围的环境是怎么样的？"着重引导幼儿观察图中的景物。该环节有助于培养幼儿的观察力、想象力，理解讲述对象，以便为讲述故事打好基础。

这一环节运用观察法，实现了目标中仔细观察图片，感受理解图片内容的要求。

(3) 幼儿排图讲故事

引导幼儿思考："请小朋友看一看你桌上的小图片，排一排，可以随便排列图片，然后把故事讲给大家听。"语言是在交流中发展起来的，同伴交流不仅能提高幼儿的语言表达能力，还有助于促进幼儿同伴间的互动。教师随时注意观察幼儿，了解幼儿的情况,帮助幼儿理顺故事情节,及时纠正幼儿语句不通和用词不当的现象,引导幼儿运用适当的动词讲述故事。教师在观察、倾听孩子讲述的时候,有目的地选择不同的排列方式。

(4) 讲故事比赛

幼儿上台排图讲述故事,红、黄、蓝队分别派出队员讲述。老师和幼儿一起评价。"大家觉得怎么样？谁讲得更好？"帮助幼儿归纳出这样的认识,故事的转折点在于小熊做了一件什么事,这样做对吗？启发幼儿了解故事中小熊的做法。

(5) 教师示范,总结提升

"小朋友们的故事讲得真好,小精灵也蠢蠢欲动想给大家讲个故事了。"教师完整讲述故事。这个环节教师通过示范总结让幼儿明白:图片有多种排列方法,可以编出许多不同的故事这一道理。这有助于提升幼儿的思维能力。

6. 说活动延伸

在表演区投放树、小熊头饰、鸟窝。平时游戏时,让幼儿按照几种不同的故事情节进行表演,满足幼儿表演的愿望。

《七彩虾》说课稿(大班)

各位评委老师:

大家上午好！今天我说课的课题是中班语言活动《熊和鸟窝》。下面我将从活动教材、活动目标、活动准备、活动流程、活动延伸等几个方面来进行说课。

1. 说活动教材

《纲要》指出,要善于发现幼儿感兴趣的事物、游戏和偶发事件中所隐含的教育价值,把握时机积极引导。这天刚下过雨,出了太阳就出现了彩虹,所以我马上联想到故事《七彩虾》,因时因地灵活地运用了这天然的教育素材。为了更好地帮助幼儿理解故事内容,感受该故事所包含的情感。这一内容的选择,① 既适合幼儿现有水平,又有一定的挑战性;② 即符合幼儿的现实需要,又有利于其长远发展。虽然故事中只是说小青鱼帮虾公公实现了一个心愿,其实,已在潜移默化地教育幼儿从小就应该爱父母尊敬老人;③ 贴近幼儿的生活来选择幼儿感兴趣的事物和问题。幼儿都知道彩虹,对于大班的孩子来说对彩虹的形成一定有很强的好奇心,所以在该活动之中,我可以适时地引导幼儿在区域活动中来画画、做做彩虹,让他们初步地了解色彩是来源于光的作用,这有助于拓展幼儿的经验和视野。

2. 说活动目标

根据《纲要》和《指南》要求,围绕教学内容,结合幼儿特点,我设计以下活动目标:

(1) 理解故事情节,感受小青鱼尊敬老人的情感。

(2) 能大胆地运用动作、语言进行表现故事情节。

幼儿在理解内容之后自然而然地会联系生活现实,小青鱼因为帮助了别人而得到

了快乐。同样,在社会生活中老人是需要更多关爱的人群,通过该活动可以让幼儿在心灵深处透出像七彩虾一样的美丽,用自己的力量去关爱老人、帮助老人。《纲要》指出:提供幼儿自由表现的机会,通过动作、语言表现形式,他们能更大胆地表达情感、理解和想象。

3. 说活动准备

我的准备有图片、绘画纸和油画棒人手一份,主要是让幼儿在轻松、愉悦的氛围中理解故事,体验故事所表达的主题,通过涂涂画画感受彩虹的美丽、七彩光的美丽,知道我们身边处处都有七彩颜色,有了七彩颜色画画更美丽,打扮东西更漂亮。

4. 说活动流程

我的教学活动分三个环节:

环节一:猜谜语。通过猜谜语的形式,让幼儿从生活中了解彩虹的七彩和拱形的特点。

环节二:小青鱼和虾公公。主要让幼儿熟悉作品的内容,了解他们的生活,这里我采用:① 直观的教学法。比如活动一开始当幼儿猜出谜语后我就通过观察图片,让幼儿进一步感知彩虹的特点,这是为了满足幼儿思维的具体形象性需要。② 分析欣赏法。首先让幼儿欣赏前半部分后,设置悬念"你猜猜看小青鱼看到虾公公伤心的样子会怎么做?"既给他们想象的空间,又培养幼儿对他人、社会的亲近态度,"如果你是小青鱼的话除了它的办法你会怎样做呢?"

环节三:学学小青鱼和虾公公。用大胆地动作表达自己的情感和理解,实现自己的价值,体现自己对他人的作用,知道哪怕是一声体贴的问候,都会给人带去快乐。

5. 说延伸活动

让幼儿在区域活动中涂涂画画彩虹,再一次感受其中的美丽。

《漂流屋》说课稿(大班)

各位评委老师,大家好! 今天我说课的课题是大班语言活动《漂流屋》。

1. 说活动教材

故事是幼儿最喜爱的一种文学形式,故事通过典型的人物形象、曲折的情节,生动、优美的语言,吸引着幼儿,使他们从中受到感染和教育,懂得什么是真善美,什么是假恶丑,从而培养幼儿爱憎分明的情感,并把学到的好思想见诸行动。故事能提供丰富的语言材料。

而我选择的《漂流屋》这个故事中一开头就描写了青蛙看到一座神奇的小屋子,调动了幼儿的兴趣"房子是谁的呢?"接着描写青蛙并没有想把它占为己有,而是去寻找屋子的主人,但没有找到主人,他就想到了请螃蟹和自己一起分享这座房子,并邀请了小鸟和乌龟来跟他们一起玩。最后,故事又承前启后地回到了开头的疑问:漂流屋飘到了它的小主人跟前,小兄妹并不想将自己制作的小屋子留着自己玩,而是希望它找到自己

的主人。

该故事虽然篇幅不长,人物对话简洁明了,但有趣的故事情节能吸引幼儿的注意。我们不难发现,故事的主题是——分享快乐。那故事中又是如何突破这个重点的呢?这则故事中再三描写了青蛙看到房子不占为己有的无私精神,后又描写了青蛙与小动物们一同分享快乐,继而描写了小兄妹乐于帮助别人。步步深入主题,并在小青蛙与同伴分享住在漂流屋的快乐时达到高潮。故事鲜明突出的人物形象,使幼儿受到很好的教育,生动浅显的语言,又便于幼儿理解、记忆和模仿。

2. 说学情

大班幼儿的认识水平在不断提高,具体形象思维又占优势,因此,他们对文学作品,特别是童话故事较感兴趣,也能接受和理解内容较丰富、表现手法较复杂的故事,并具有一定的倾听和语言表达能力。上学期,我们以班级主题"童话谷"为切入口,发展幼儿的语言表达能力。我班的幼儿也积累了不少的童话故事知识、童话作家知识和丰富的词汇。他们探究欲望强烈,有丰富的想象力,并喜欢把自己对故事的理解通过各种形式表现出来。但是,由于幼儿成长环境的影响,幼儿经常出现自私、以自我为中心的现象,导致这些行为成为幼儿交往中的障碍。而故事是运用儿童文学作品向幼儿进行教育的一种重要形式。

3. 说活动目标

发展语言的关键是创设能使幼儿想说、敢说、喜欢说、有机会说并能得到积极应答的环境,同时幼儿语言的发展与其情感、经验、思维、社会交往能力等其他方面的发展密切相关。因此,根据纲要中语言领域的目标以及本班幼儿的实际情况,我将本次活动的目标定位于:

(1) 理解故事内容,抓住故事中心,有感情地讲述自己的看法或评价别人的发言。

(2) 感受作品中比喻手法的运用,发展幼儿想象力。

(3) 通过活动,体验与同伴分享带来的快乐。

这三个目标中蕴涵了语言能力的培养、知识经验的获得和情感方面的培养,体现了目标的综合性和层次性。

重、难点:

我们将本次活动的重点放在"体验与同伴分享带来的快乐",从第一到第四环节的逐步深入,再到最后互换礼物的情感体验,将知识进行迁移,将重点逐渐攻破。当然,培养幼儿懂得分享是一个漫长的累积过程,因此,本次活动先让幼儿获得情感体验,是一个累积良好体验的好机会,对幼儿有一定的教育意义。活动将难点定在"抓住故事中心,有感情地讲述自己的看法或评价别人的发言",并从以下两点来突破:① 问题设计富有启发性,如果是你,你会怎么做?你觉得他这样做好吗?你有不同的看法吗? ② 集体与个别讨论、回答相结合。

4. 说活动准备

(1) 环境创设:与区域相结合

为了让幼儿不再被动地接受教师传递的信息,而转为主动地吸收,我们整合了区域活动,在表演区、语言区、美工区让幼儿继续探索。根据教育目标,有机渗透了教育内容,使幼儿获得更多有益的知识经验,促进幼儿多方面能力的发展。以此,我们在区域中做了如下准备:

语言区:投放青蛙、螃蟹、乌龟、小鸟和小男孩、小女孩的图片;各种背景图;房子背景图。

美工区:订好的空白纸张。

表演区:投放青蛙、螃蟹、乌龟、小鸟和小男孩、小女孩的头饰和背景图、篱笆。

(2)知识准备

① 幼儿在常识活动中已熟悉青蛙、螃蟹、乌龟、小鸟的生活环境。

② 已认识过许多儿童文学作品,初步了解了拟人和比喻的概念。

(3)物质准备

首先是为幼儿提供真实而丰富的语言运用情景,给幼儿创设可以帮助他们理解故事的情景,所以进行了以下准备:配有故事录音的教学课件,幼儿可通过自己的感官感受,唤起他们的想象力。创设一个环境,让幼儿在情感体验中将分享迁移到生活中来,我们的准备是:幼儿每人自带一份小礼物、磁带、录音机,以使幼儿在良好的氛围中获得体验。

5. 说教学方法

本活动主要采用了直观形象法、语言讨论法和环境体验法。

(1)直观形象法

本活动中自始至终贯穿的是直观形象法。观察是幼儿获得知识的最有效的途径,于是,我选择了运用电化教育手段。由于儿童缺乏生活经验和知识水平,以及思维具有具体形象性,对故事所蕴含的意境的理解有一定的难度。电化教育手段通过鲜明、生动的形象,容易吸引儿童的注意力,激发学习兴趣和热情,帮助儿童理解和记忆。而且,我有效地将语言与幻灯片的演示结合在一起,使幼儿展开想象的翅膀,更好地理解故事的内容和所表达的情感。

(2)语言讨论法

讨论法是儿童自己教育自己、主动接受教育的方法,不是被动地接受教育。活动中,我首先揭示或引发讨论内容,然后由幼儿进行补充或者提出自己的疑问。如我多次让幼儿讨论自己对故事里人物的看法,以"为什么"让幼儿深入思考问题,并让幼儿提出自己与别人不同的看法,甚至让幼儿反过来向老师来发问。讨论法结合了《规程》的要求,为儿童创设表现能力的机会和条件,以促进其发展,而不是单一的教师讲解,避免了儿童因说教、指导过多而产生的腻烦、抵触心理和行为。

(3)环境体验法

儿童因为年龄小、知识经验少,对一些抽象的概念往往理解很难或很片面。如果我们只是一味地讲大道理,就很难让他们理解和接受。例如,现实生活中很多幼儿是独生子女,他们一直以自我为中心,不能体验到什么是分享,分享又能带来什么快乐。于是,活动中采用了环境体验法,提供了一定条件,让幼儿通过自身的礼物交换、分享,从而感受和获得体验。这可以加深他们对概念的理解,提高他们的思维和认识水平,使他们养成良好的学习习惯。

6. 说活动流程

本次活动我设计了五个环环相扣的环节,整个设计突出了三个亮点:① 教具直观:语言与幻灯片的演示结合在一起,使幼儿展开想象的翅膀,更好地理解故事的内容和所表达的情感。② 语言引导:以往的语言活动经常会出现大部分能力强的幼儿才有机会说出他们的看法,而能力一般的幼儿会因没有机会说而很快地失去兴趣。因此,这次活动,我设计了引导性强的几个问题让幼儿有欲望说、敢说、有机会说。③ 环境体验:让幼儿在行动中感受某些品德的意义。主要表现如下:

(1) 出示漂流房幻灯片,引导幼儿进行初步想象

教师以直观的幻灯片引入,让幼儿有眼前一亮的感觉,幼儿直观地看到故事中漂亮的漂流屋,更好地引发幼儿的好奇心,并融入角色当中思考问题"这是哪里来的""捡到它以后要怎么办"。该问题把幼儿带进一个思考想象的空间,创设了让幼儿想说、敢说、喜欢说的语言环境,并让幼儿初步产生拾金不昧的意识,为下面的故事做好铺垫。

(2) 听、想结合,发展幼儿的想象力及分析综合能力

讨论后,引导幼儿展开想象的翅膀。这个环节仍然给幼儿留有想象的空间,让幼儿在刚才的想象基础上欣赏故事,感受故事中的语言美,通过头脑想象故事中优美的意境"清清的小溪""像宫殿一样的漂流屋""热闹而欢乐的争吵"等。

(3) 视、听结合,发展形象思维

此环节结合了语言和幻灯片,再次调动了幼儿的兴趣,以分段讲述故事为主要形式,通过一个一个问题找出故事的重点,引导幼儿不断思考、探索、层层递进,从而达到理解和记忆故事内容的目的。而拟人、比喻手法的运用是本故事的一个亮点,为达到形象逼真的效果,作品中再三将漂流屋比喻成"宫殿""大雪糕""摇篮"。而对幼儿来说,文学中采用的表现手法是难以理解的,因此,我以问题"漂流屋像什么"的提出加深对比喻手法的理解。

(4) 深入故事主题,引出教育意义

作品中反复提到了"小青蛙问遍所有的人寻找屋子的主人""不好意思独占这漂亮的屋子""小兄妹看到小动物们时高兴的心情",意在教育幼儿懂得与别人分享。但是,一味地讲大道理幼儿是不能完全理解的,而这个活动环节中以"你喜欢故事里的谁?为什么?"让幼儿直观形象地感知,什么是好的,该学习、模仿的是谁。这样,他们很快就能弄明白道理了。而且,提出了"平时还有什么可以分享"的问题,让幼儿将学到的道理延伸到生活中。

(5) 分享小礼物,激发幼儿乐于与同伴分享的情感

《纲要》指出:应以幼儿的情感态度的培养放在首位。本活动结合了第一、第四个环

节,让幼儿在宽松、自由的环境中体验交换礼物、交朋友,感受到与同伴分享玩具的快乐心情。在这个环节中,教师多留意积极和别人分享的幼儿,及时地给予表扬和鼓励,能使更多的幼儿喜欢和别人分享自己的东西,将活动又一次推向了高潮。

7. 说活动延伸

活动的结束是暂时的,依据教育方式的整合,为了让幼儿不再被动地接受教师传递的信息,而转为主动地吸收,我们整合了区域活动,在表演区、语言区、美工区让幼儿继续探索。根据教育目标,有机渗透了教育内容,使幼儿获得更多有益的知识经验,促进幼儿多方面能力的发展。

📖 案例评析

（1）故事内容分析到位,语言故事选题积极向上,同时契合幼儿因成长环境而产生的自私、自我等缺点。

（2）目标定位层次清晰,由易到难,从认知了解到能力培养再到情感升华,体现循序渐进的学习过程。

（3）活动准备充分,不仅有知识准备和物质准备,更有环境创设准备。

（4）教法学法有效融汇在活动过程的每一个环节,如听想结合、试听结合等。

第三节 社会领域说课案例

《快乐的中秋节》说课稿（大班）

各位领导老师,大家好！今天我说课的课题是大班社会活动《快乐的中秋节》。下面我将从活动教材、活动目标、活动准备、活动方法、活动流程、活动延伸等几方面进行阐述。

1. 说活动教材

《纲要》在社会领域中明确提出:"社会教育具有潜移默化的特点,幼儿教育应以幼儿生活为基础。"中秋节、端午节和春节都是我国重要的传统节日。农历八月十五是我国的传统节日中秋节。每年我们都会和家人一起赏月、吃月饼、看中秋联欢晚会,这些都是幼儿生活中的真实体验。并且大班幼儿上小、中班时,对中秋节已有初步的了解。

为了让我国优秀的传统文化得到传承,我设计了本节活动,通过引导幼儿大胆讲述,收集中秋节有关信息,使他们进一步了解中秋节的来历和各地的中秋文化；又通过品尝月饼等活动,丰富幼儿的生活经验,让幼儿感受到传统节日的独特魅力,激发热爱中国传统文化的情感。

2. 说活动目标

活动目标是教学活动的起点,根据大班幼儿的年龄特点以及上小、中班时对中秋节的初步认知,我拟定了以下活动目标:

(1) 知道中秋节的来历,进一步加深对传统节日的了解。

(2) 能大胆讲述收集的信息,产生对传统文化的兴趣。

(3) 乐于与同伴交流、分享,体验集体过节的快乐。

针对教学活动的具体内容,我将活动的重点确定为:让幼儿以"快乐"为中心点,体验幼儿园这个大家庭的团圆与快乐,激发幼儿喜爱中国传统文化的美好情感。

3. 说活动准备

为了更好地完成活动目标和活动内容,我会有以下活动准备:

(1) 嫦娥奔月的动画故事、中秋节的相关环境创设。一个良好、积极的环境有着潜移默化的特点,其效果往往要比教师的言传身教更为实用、有效。

(2) 教师与幼儿一起准备的月饼、中秋节相关信息。这些"准备"的目的是让幼儿主动参与、亲身体验,进一步加深对活动内容的了解。

4. 说活动方法

活动中,我为幼儿创设了愉快的氛围,用幼儿能接受和乐于接受的形式来展开活动。我将运用以下方法:

(1) 讲解法。通过讲中秋节的来历和有关故事,进一步加深幼儿对中秋节的认识,激发幼儿对传统文化的兴趣和爱好。

(2) 讨论法。可以给幼儿更大的空间和主动性,让幼儿相互讨论交流收集的中秋信息,获得更多关于中秋节的知识,激发幼儿的表现欲,提高幼儿的语言表达能力。

(3) 演示法。通过展示老师和幼儿收集的各地中秋节相关图片和信息,让幼儿更加形象、直观、真实地感受到各地过中秋节的民俗文化,激发幼儿的学习兴趣。

5. 说活动流程

(1) 欣赏动画,引出主题

活动开始我是这样设计的:首先,我会让幼儿观看嫦娥奔月的动画故事,吸引幼儿的注意力,激发幼儿的兴趣和求知欲望。(展示动画)

(视频播放结束)通过观看动画故事,唤起幼儿对中秋佳节的遐想,进而引出主题。

(2) 师幼交流,丰富经验

大班幼儿上小、中班时,对中秋节已有初步的了解,活动前我会请幼儿和家长一起收集中秋节的信息,让幼儿以主动学习的方式,加深对中秋节的了解。

活动中,我运用了让幼儿先表现、老师后补充的方式,充分给幼儿提供表现的机会。首先我会请幼儿讲述收集到的中秋节来历和相关故事以及中秋节有关的古诗、民谣等。幼儿通过回忆、谈论的方式,互相交流,互相学习,大胆表述中秋节的相关信息,在幼儿展现的基础上,老师进行补充:每年的八月十五是我国传统的中秋佳节,这时是一年当中秋季的中期,因而被称为"中秋"。这天晚上月亮特别圆、特别亮。人们看到圆月就会联想到一家人的团聚,希望生活像月亮一样团团圆圆、和和美美,因而又把"中秋节"称为"团圆节",使幼儿更加明确了中秋节的来历。

接着,引导幼儿说一说:"过中秋节了,我们班上有什么变化?"通过中秋节的相关环境布置,为幼儿创设过中秋节的愉快氛围,充分发挥环境空间的教育价值。另外,引导幼儿说一说"大街上都有什么变化?""你和爸爸妈妈一起中秋节时都干些什么?"通过提问的方式充分调动幼儿已有的生活经验,让幼儿在观察、回忆中体会过中秋节的情感,进而产生对传统文化的兴趣。

为了进一步丰富幼儿对中秋节文化知识的了解,我会提问幼儿:"你们还知道其他地方的人都会用什么方式来庆祝中秋节吗?"请幼儿向大家展示和讲解他们收集到的信息,充分调动幼儿的积极性,激发相互学习的兴趣,培养幼儿的语言表达能力。最后在幼儿展示的基础上,我会出示相关图片,补充并小结:除了赏月、祭月、吃月饼外,还有香港的舞火龙、安徽的堆宝塔、广州的树中秋等。

(3)品尝月饼,分享快乐

过中秋,庆佳节,必不可少的活动形式就是吃月饼,月饼是幼儿熟悉并喜爱的一种点心,为了让幼儿能够充分地体验到过中秋节的快乐,我设计了品尝月饼,共同分享快乐的环节。

活动前,我鼓励幼儿将月饼带到幼儿园里和大家一起分享。让幼儿感受到人与人之间友好交往的幸福,体验分享的快乐。品尝月饼的过程中,我先请幼儿观察月饼的形状,"小朋友们看一下我们带的月饼都是什么形状的? 和老师的月饼有什么一样的地方?"(让幼儿通过观察、讨论,发现月饼通常是圆的,知道月饼的圆代表团团圆圆,代表生活幸福美满)接着请幼儿向大家介绍一下他们的月饼:"你带的是什么月饼? 什么馅儿的?"(丰富幼儿对中秋节月饼种类的了解)

接下来,让幼儿欣赏歌曲《爷爷为我打月饼》,活跃节日气氛,让幼儿边听音乐边与同伴互相分享月饼,体验与同伴、老师一起过节的快乐。通过这个环节,让幼儿品尝月饼、感受中秋快乐的同时,进一步激发了幼儿对传统文化的热爱,体验分享的乐趣。

(4)许下心愿,祝福团圆

在这一环节中,引导幼儿:"中秋节快要过去了,让我们一起许下中秋节的心愿吧!"请全班幼儿闭上眼睛许愿。接着,我鼓励幼儿把心愿说给大家听听,给幼儿表达心愿的机会。

本环节通过让幼儿许下中秋心愿,添加了神秘感和乐趣的同时,也发展了幼儿的想象力和语言表达能力。

等幼儿分享完中秋心愿后,我们的活动也将接近尾声。

6. 说活动延伸

活动结束后,我设计了一个延伸活动:鼓励幼儿回家和家人一起制作中秋节贺卡,并与同伴互送,体验浓厚的亲情和友情。

本节活动,我改变了以往单纯说教的方式,通过环境的创设、幼儿的大胆表现及品尝月饼、中秋许愿等方式,让幼儿运用多种感官感受到过节的快乐,又通过看、说、尝等活动,进一步加深幼儿对中秋节这一传统节日的认识和热爱。

《祖国在我心中》说课稿(大班)

各位评委老师,大家好!今天我说课的课题是大班社会活动《祖国在我心中》。

1. 说活动教材

我说课的题目是大班社会《祖国在我心中》,热爱祖国教育一直是一个传统而又经典的教学内容,《纲要》中指出:"幼儿的爱国主义教育应以情感教育和培养幼儿良好行为习惯为主,注重潜移默化的影响,并贯穿于幼儿生活与各项活动之中。"因此,爱国主义教育始终是幼儿园教学的重点。研究表明:3~6岁的孩子正是个性倾向和道德观念形成的萌芽时期,是培养良好品德行为的黄金时代。我园现在使用的是南京师范大学出版社和台湾信宜基金出版社合作开发的《幼儿园活动整合课程指导》,由于教材来源于台湾,在小、中、大班的教材中都没有关于"热爱祖国"方面的主题内容。但这个关于民族灵魂的教育是作为每一个中国人都应该学习的。金秋十月,人们将迎来最为盛大、喜庆的节日——祖国母亲的生日。"十月一日是谁的生日?""中国到底有多大?""我们祖国有什么?"……这些都是孩子们想了解的。于是,结合我国的国情和即将到来的国庆节,以及班级幼儿的年龄特点,在班内开展"我爱祖国"主题系列教育活动,包括让幼儿知道自己是中国娃,知道中国娃的特征;了解我们祖国的全称;认识祖国的国旗、国歌、国徽;了解中国的传统节日有哪些;我国少数民族的服饰是怎样的等一系列的教学活动,以此来弘扬祖国的正气,萌发幼儿爱祖国的情感。基于此,我精心设计了本次教学活动。

2. 说活动目的

活动的目标是教育活动的起点和归宿,对活动起着导向作用。根据大班幼儿的年龄特点及实际情况,我以布卢姆"教育目标分类学"为依据,为本活动确定了认知、能力、情感方面的目标,其中既有独立的成分,又有相互融合的一面。

本次活动的目标如下:

(1) 知道祖国的全称和首都的名称,能在世界地图上找到中国。

(2) 认识国歌、国旗和国徽,知道它们是祖国的标志,知道十月一日是我们祖国的生日。

(3) 培养幼儿热爱祖国的情感。

根据目标,我把本课的重难点定位于:知道祖国的全称和首都的名称,能在地图上找到中国;认识国歌、国旗和国徽以及它们的象征意义,知道它们是祖国的标志,知道十月一日是国庆节。为了有效突破重难点,我采用的方法是:通过多媒体课件提升幼儿的已有经验,通过讲述巩固幼儿对祖国的认识,培养幼儿对祖国的热爱之情。让幼儿能够理解内容丰富、含义深刻、较为抽象的"祖国"这一概念。为使活动呈现趣味性、综合性、活动性,寓教育于情景游戏之中,我将积极树立目标的整合观、科学观,力求形成有序的目标运作程序。

3. 说活动准备

(1)知识经验准备:幼儿参加过幼儿园的升旗仪式,看过介绍祖国大好河山的电视等。

(2)教具准备:《祖国在我心中》课件一套。

(3)心理和环境准备:培养爱祖国的情感,环境的隐性教育作用不可忽视,注重创设教育环境,是对幼儿进行爱祖国教育的一个重要方面。我在活动室的四周张贴中国地图;贴上国旗、国徽和各种抗日英雄故事的图片以及天安门、长城等标志性的图片;做到让每一堵墙壁都说话,以"动情"到"晓理"过渡,使幼儿在环境的熏陶下逐步产生爱祖国的情感,达到爱国主义教育的目的。

4. 说教法

新《纲要》指出"教师应成为幼儿学习活动的支持者、合作者、引导者",活动中应力求形成"合作探究式"的师生互动。大班幼儿已有了一定的思维能力和分析能力。活动中我较多地采用直观教学法,结合本园信息技术和网络探索等条件,利用幼儿会操作电脑的有利因素,综合考虑学科特点、教学目标的要求和幼儿的年龄及认知结构,运用多种教学方式,将信息技术与教学整合,并有效落实于教学实践中。为幼儿理解抽象的内容提供合适情境,充分利用现代教育媒体,有效辅助教学过程,将重点、难点内容巧妙突破,提高了教学效率。此外,还结合运用交流讨论法、审美熏陶法、游戏法,多种教法加以整合、层层深入。

4. 说学法

幼儿园的教育应以幼儿为主体,教师积极创设条件让幼儿参加探究活动,运用多种方法获取知识经验,培养能力。在活动中,我注重激发幼儿的学习兴趣,使他们在有趣的气氛和愉快的体验中参与活动,努力让幼儿成为学习的主体,指导幼儿掌握一定的学习方法,让每个幼儿都受益,让每个幼儿都发展。从而促进学习方法的落实,促进学习目标的达成。在本次活动中,采用了多种感官参与法,每一个环节都引导幼儿带着问题去看一看、听一听、找一找、想一想、认一认,幼儿运用多种感官共同参与,并用适当的方法表达、交流认知的过程和结果,了解有关祖国的基本知识,激发幼儿爱祖国的情感。此外,活动中我还采用了体验法,让幼儿在雄壮的国歌声中向国旗行注目礼,由于幼儿亲身体验了升旗敬礼的情节,有直接的经验,当以后再听到国歌,再看到国旗、国徽时,会有一种神圣的特殊的爱国情感。

5. 说活动流程

本次活动以新《纲要》为指导,从"认知—情感—行为"三大块,由浅入深,从感知到体验,使原有经验与新经验之间建立有机联系,让幼儿在互动式、开放式的教育活动中,

自主地、能动地、创造性地学习。科技是"以人为本"的,人终究是科技的灵魂!我这次说课时演示的课件,不是为了教学时的方便,如果将课件设计成顺序式结构,上课时只需按一个键,课件便按顺序播放下去,这样做的话,教师总要想方设法地将幼儿的思路引到电脑既定的流程上来,这样太程序化,上出的课便是"流水课"。我选择的是多个按钮式组合课件,幼儿想到什么可以随时点击使用单个的独立小课件,充分尊重幼儿主体地位,让幼儿成为学习的主人,充分发挥多媒体的作用,在教学时会更加游刃有余。同时根据幼儿认知、情感发展规律,通过创设教育环境,灵活运用体验感受、信息交流、自主活动、积极表现等多种教育方法,有计划、有针对性地开展适合幼儿发展特点的爱国主义教育。具体的教学过程为:

(1) 开始部分

听一听、寻一寻,激发幼儿的兴趣。本环节预设用时 5 分钟。

① 听一听,知道祖国的全称。(播放课件《大中国》)

爱因斯坦说:"兴趣是最好的老师。"活动一开始我就请幼儿边倾听激昂雄壮的歌曲《大中国》,边欣赏与歌曲内容匹配的画面,激发幼儿的兴趣和参与活动的积极性,使幼儿初步了解我们大家有一个共同的家名字叫中国,它的全称是中华人民共和国,是一个多民族的国家,知道我国是一个地大物博、物产富饶的国家。

② 寻一寻,我们的祖国在哪里?(播放课件《祖国在哪里》)

有句话说得好:"听来的容易忘,看到的记不住,只有动手做才能学得会。在动手过程中不仅易于引发兴趣,拓展思维,也有利于每一位幼儿自主、独立、创造性地学习知识、发展能力。由于我园具有网络探索室,大班孩子已经掌握了一些简单的电脑操作技能,于是我让幼儿观察电子地图的各个版面,并请幼儿逐一点击画面,倾听电脑中提示的国家名称,在探究新知的过程中,动手操作帮助幼儿形成表象,建立概念。幼儿在点击画面、倾听声音、寻找自己国家的游戏中了解中国在地图上的位置。

(2) 基本部分

国歌声声、国旗飘飘、国徽闪闪。本环节预设用时 20 分钟。

① 想一想,中国地图像什么?(播放课件《祖国像什么》)

这一环节中,我出示中国地图,让幼儿充分发挥想象,自由交流和表达,说说我国的地图像什么?待幼儿自由交流后演示课件,让幼儿明白中国的地图像只大公鸡。想象是智慧的翅膀,是思维的特殊形式,爱因斯坦说:"想象力比知识更重要,是知识进化的源泉。"

② 找一找,首都北京在哪里?(播放课件《祖国首都》)

有关祖国的基本知识比较抽象,光靠枯燥无味的讲解,幼儿是没有兴趣的,更是不可能掌握的。只有通过多媒体图文并茂、声像俱佳、动静结合的表现形式,把电、光、形、声多种媒体组合起来,创造有利于教学的学习情境,才能使幼儿充分领略视听效果,积极主动地学习。于是我出示中国地图,请幼儿点击地图中的圆点,找出我国首都北京的所在地,并逐一认识北京首都的著名建筑物——天安门、长城、天坛以及聆听讲解员的讲解。

③ 辨一辨,雄壮的国歌。(播放课件《国歌声声》)

在这个环节中,播放三种不同类型的乐曲,请幼儿辨别哪一首是我国的国歌。音乐鉴赏不仅让我们在民族文化和不同的精神氛围下感受来自各方的熏陶,还让人对各个地域的人文、物质、感情、活动有更深一步的了解。能通过音乐这面镜子照射出更广阔的大千世界。幼儿通过辨别,知道这首乐曲叫《义勇军进行曲》,是抗日战争时期全国人民高唱的战歌,现在是中华人民共和国国歌。人们无论何时何地听到这首歌,都会热血沸腾,充满希望,心中升起对祖国的崇高敬畏与仰望。

④ 认一认,鲜艳的国旗。(播放课件《国旗飘飘》)

出示众多的国旗,请幼儿自由谈谈它们都有哪些不同的特征,并指认出我国的国旗。讲解国旗的象征意义:红色表示热烈,象征革命,祖国大地似红霞一片。多媒体教学便于给幼儿提供知识素材,使每个幼儿可以按照自己的认知结构构建知识体系,加深了对教学内容的理解,极大地提高了教学效率,从而将课堂教学引入全新的境界。

动手操作可以让幼儿经历、感受、体验全部过程。于是组织幼儿开展电脑操作游戏——制作国旗。运用电脑给国旗填上合适的颜色——红色,添上一个大五星和四个小五星。

启发幼儿谈谈在哪些地方见过国旗,在什么场合看到过升旗活动。口语交际是人们交流思想、传播信息、表达情感的重要形式,设计这样的即时训练,幼儿的语言能力也得到锻炼。

心理学家指出:"凡是人们积极参加体验过的活动,人的记忆效果就会明显提高。"因此,我播放国歌,学习向国旗行注目礼,培养幼儿尊敬国旗、国歌的情感。

⑤ 看一看,庄严的国徽。(播放课件《国徽闪闪》)

演示课件,老师介绍国徽的组成部分以及象征意义。知道国徽、国旗是我们国家的标志,尊重国旗、国徽是热爱祖国的表现。在多媒体课件的辅助下,通过音乐鉴赏、动手操作、口语交际、亲身体验等多种方法,有效地解决了本次活动的重难点。

(3) 结束部分

共庆国庆节,将活动的气氛推向高潮。本环节预设用时5分钟。

① 想一想,庆祝国庆节。

讨论:你们知道哪一天是我们国家的生日吗?十月一日是什么节日呢?大家为什么这样热情地开展庆祝活动?我们怎样庆贺我们国家的生日呢?自主讨论交流,让每个幼儿充分地阐述自己的见解,毫无顾忌地发表自己的意见,进行思维的碰撞、情感的交流,在自己表达和倾听别人的阐述中了解十月一日是国庆节。

② 庆一庆,表达对祖国母亲的美好祝愿。

在《大中国》的音乐声中,幼儿自由结伴载歌载舞,表达自己内心对祖国母亲的美好祝愿。首尾呼应,将本次活动的气氛推向高潮,结束本次活动。

6. 说活动延伸

从课堂延伸到课外,应该留给幼儿更多活动的余地。我们把爱国主义教育延伸到课外活动中去,就是依据环境对幼儿的影响作用为根本出发点,优化幼儿的活动空间,以吸引幼儿主动投入,主动参与。为此,安排了教师和幼儿一起装扮教室,营造欢庆气氛,迎接我们祖国妈妈的生日;全园教师在升旗活动时,以身作则,表现出对国旗和升旗仪式的崇敬来感染幼儿,将爱国主义教育推向更高层次。

区域活动是当前幼儿学习的一种途径,它立足于幼儿,能让幼儿充分体验和探索,发挥了幼儿的自主性和能动性,也是对幼儿进行个别化教育的最佳手段。于是我将爱国主义教育与区域游戏有机整合。在建构区提供大小不同的积木,让幼儿自己去建造天安门、长城等祖国名胜。在美术区中提供绘画和手工制作等材料,画画天安门、制作五星红旗等。

开展家园合作的内容有:为孩子营造一个温暖和谐的家庭氛围,有时间带幼儿出去旅游,领略祖国的美好风光;家长和幼儿共同玩中国地图的拼板游戏;带领幼儿观看能理解的时事新闻,通过故事等形式让幼儿了解祖国日新月异的变化等。

7. 说教学反思

幼儿期是思想品德教育的启蒙时期,良好的思想品德行为习惯对幼儿形成健全的人格起着重要的作用。只有让孩子从小就把"祖国妈妈"铭刻在心里,才能使他们成长为热爱祖国、建设祖国的接班人。幼儿爱祖国情感的形成是长期教育的结果,只有课内与课外相通,教学与活动结合,幼儿园与社会携手,让幼儿听得见,看得懂,摸得着,做得到,持之以恒,为幼儿从小爱祖国打下良好的基础。

幼儿的心田是一块奇异的土地,播撒思想的种子,就会得到行为的收获。我愿在幼儿的心里及早地播下闪烁着爱祖国光辉思想的种子,让他们开放出美好的情操之花,结出丰硕的道德行为之果。

案例评析

(1) 活动材料选择丰富,信息量较大,适合在大班开展。

(2) 活动过程从认知到情感再到行为,循序渐进,环节设计丰富多样、有趣生动,通过多种教学媒体的有机结合,给幼儿以视听享受。

(3) 结尾第六点"家长工作"是说课亮点,体现家园合作的现代教学理念。

《合作真快乐》说课稿(大班)

各位评委老师,大家好!今天我说课的课题是大班社会活动《合作真快乐》。

1. 说活动教材

随着社会的进步,科技的发展,现今生活的各个领域中越来越需要人们具备与人合作、与人分享的品质。《纲要》把"乐于与人交往、学习互助、合作和分享"作为幼儿园社会教育总目标之一。要求"养成对他人、社会亲近、合作的态度,学会初步的人际交往技能"。《指南》中也指出:"活动时能与同伴分工合作,遇到困难能一起克服。"由此可见,培养幼儿建立"与人合作、与人分享"的品质已经成为当前幼儿教育的重要目标之一。

因此,我设计"合作真快乐"这一主题活动,引导幼儿发现理解合作的内涵及重要性,并让幼儿在游戏过程中体验合作的乐趣,学习合作的方法。

2. 说学情分析

大班幼儿基本上都接触过简单的、基本的"合作"这种社会交往技能。在日常生活中,孩子们一起游戏,一起完成值日生工作,他们无意识中习得了合作的技能,但幼儿并不清楚这种行为就是合作,更不理解合作的真正内涵及其重要性。大班幼儿有合作的愿望,但缺少科学的合作方法和技能。

3. 说活动目标

根据大班幼儿自主探索能力强,有合作愿望但缺少合作方法的发展特点,确定以下活动目标:

(1) 初步理解合作的内涵和意义。(此目标从认知角度确定,让幼儿理解合作的含义,知道合作和助人不一样。)

(2) 尝试协商、分工合作,提高与同伴合作的能力。(此目标从能力角度制定,让幼儿增强合作意识,掌握合作的方法,提高合作能力。)

(3) 体验合作的愉快情感,进一步增强合作的意识。(这一目标从情感角度确定,幼儿的社会学习具有强烈的情感驱动性,幼儿体验到合作的快乐,就能增强合作的意识。)

重点:体验合作的愉快情感,进一步增强合作的意识是本次活动的重点。因为要使幼儿真正理解合作并内化为行动,情感、态度是内在动力。

难点:尝试协商、分工合作,提高与同伴合作的能力是活动难点。因为合作不是简单地在一起做事,需要掌握一定的技能技巧。

4. 说活动准备

幼儿是在对原有知识进行同化和顺应中建构新经验的,了解幼儿的已有经验很重要。大班幼儿做过一些需要合作的活动,如需要合作的体育游戏、跳集体舞等。物质准备方面,布置娃娃家家具场景,准备关于合作的图片4张。

5. 说活动方法

教育活动应以幼儿的需要、兴趣,尤其是幼儿的经验为导向。我拟采用讨论、行为练习、游戏等方法来完成活动。

(1) 讨论法。创设平等、宽松的氛围,和幼儿一起讨论关于合作的话题,加深幼儿对"合作"的理解。

(2) 行为练习法。创设一定的情境,让幼儿不断地尝试、操作,体验合作的重要性,学会合作。

(3) 游戏法。活动中让幼儿玩合作游戏。通过游戏,使幼儿掌握合作方法,体验合作的快乐。

6. 说活动流程

《指南》中指出:应多为幼儿提供需要大家齐心协力才能完成的活动,让幼儿在具体活动中体会合作的重要性,学习分工合作。本活动过程具体设计如下:

(1) 创设情景,感知理解合作

创设搬娃娃家的家具的情景:"这么多家具,我们都不能做游戏了,我们把家具搬到'阳光小屋'去吧!"从而引导幼儿初步体验大家一起合作的感受。在幼儿体验的基础上,引导幼儿讨论、发现、了解合作。

提问:"刚才你们怎样很快地整理好家具?"从而引出"合作"的概念。"很多人一起做同一件事,我们给它一个很好听的名字,叫'合作'。"使幼儿明白"有许多事情光靠一个人的力量是不行的,需要大家一起做才能完成,这就是'合作'。"

(2) 玩游戏,掌握合作的方法

大班幼儿具有合作的愿望,但缺少科学的合作方法。要使幼儿掌握科学的合作方法、调动幼儿的学习兴趣,应多让他们在实践中操作。我设计了两个游戏:

① 玩"抬花轿"游戏——尝试分工合作。

幼儿自由结伴,三人一组,两人抬轿,一人坐在轿上。老师巡回观察。游戏结束后引导幼儿进行讨论:"哪组玩得好?为什么?"从而引导幼儿发现游戏前需要先"分工",商量好谁当坐轿人、谁当抬轿人,才能玩好游戏。

② 玩"背靠背"游戏——尝试协商一致进行合作。

幼儿两人一组,坐在地上,手拉手,背靠背。游戏规则是铃声一响,立刻站起,看哪组最快。游戏结束后提问:"有的小朋友能迅速站起来,有的小朋友铃声响了仍未配合好,为什么?"引导幼儿思考、讨论,并请游戏成功的幼儿说一说该怎么做,鼓励幼儿发表自己的见解,从而发现"协商一致"的合作方法。请幼儿再次玩游戏,体验"协商"合作。

上述活动步骤采用游戏、讨论、再游戏的形式,使幼儿体验合作、讨论合作、学会分工和协商一致的合作方法,突破了活动难点。幼儿在游戏中也充分体验到合作的快乐,解决了活动重点。

(3) 回归生活,提升合作经验

为了丰富幼儿对合作途径的认识,这一活动环节运用讨论法。我提出问题:"在日常生活中,你们还发现什么事情需要合作?"调动幼儿原有经验,进一步丰富和强化幼儿的合作意识。接下来,请幼儿观看杂技表演、劳动场景等图片,通过直观、生动形象的画面,展示人与人之间的相互合作,让幼儿感受到合作在社会生活中的重要性。

本次活动,采用了幼儿感兴趣的合作游戏,使幼儿体验、感受合作的乐趣。先提出合作的概念,然后通过游戏让幼儿掌握分工与协商的合作方法,最后拓展幼儿的合作经验。幼儿在游戏活动和讨论中探索、理解和体验合作。对于幼儿来说,单靠这一次活动不可能完全掌握合作的方法,需要在不断的反复练习中才能真正体悟合作要领。因此,我设计了形式多样的延伸活动。

7. 说活动延伸

(1) 区角渗透。收集破旧的儿童图书,投放在美工区。幼儿分工合作,剪贴图书变新书,体验合作的乐趣。

(2) 各项活动中渗透。在平时的生活、体育活动中贯穿合作的练习,让幼儿在轻松、自主的环境中充分尝试,提高幼儿的合作技能。

第四节　科学领域说课案例

《磁铁找朋友》说课稿(中班)

各位领导老师,大家好!今天我说课的课题是中班科学活动《磁铁找朋友》。

1. 说活动教材

中班幼儿对磁铁的磁性很感兴趣,在生活中也积累了关于铁制品与非铁制品的知识经验。该年龄段幼儿也具备了一定的动手、动脑、自主探索问题的能力。因此,我设计了"磁铁找朋友"这个活动。通过活动,幼儿感知磁铁吸铁的性质,辨别铁制品与非铁制品。活动内容轻松有趣,能够培养幼儿对科学的兴趣与求知欲。

2. 说活动目标

(1) 发现磁铁吸铁的性质,能将铁制品与非铁制品分类。

(2) 能用较完整的语言表达自己的发现。

(3) 乐于动手,体验探索成功的乐趣。

目标(1)提出了通过活动,幼儿应获得的科学知识经验。这是本次活动的重点。目标(2)提出增强幼儿的语言表达能力,目标(3)是情感态度目标,目标具体、明确,可操作性强。

3. 说活动准备

(1) 磁铁。磁铁人手一块,满足幼儿操作需要。

(2) 铁制品与非铁制品材料。目标中提出让幼儿辨别铁制品和非铁制品,在材料中特别准备了两类材料:一是玻璃球、毛线、木块、塑料、橡皮、石块等非铁制品。二是铁块、铁环、曲别针等铁制品。

(3) 自制的小钓鱼竿、纸折小金鱼。

4. 说活动方法

幼儿科学教育以培养幼儿科学素养为宗旨,以"探究"为核心。因此,让幼儿动手、动脑探究问题是本次活动的主要方法。

5. 说活动流程

考虑到幼儿认知规律，同时把握幼儿认识事物的特点来设计活动过程。活动过程由四个环节构成。

（1）玩一玩——钓鱼的游戏

活动伊始，我带领幼儿到布置好的小鱼塘场景中钓鱼："小朋友，老师手里有一个漂亮的钓鱼竿，咱们一起钓小鱼吧，举起钓鱼竿，把鱼饵送到小鱼的嘴边，试试看，咦？为什么有的小鱼能钓起来，有的小鱼钓不起来？"问题是科学探究的出发点，幼儿在猜测这个问题答案时，好奇心会油然而生。

（2）看一看——发现磁铁吸铁的秘密

幼儿带着问题与好奇进入此环节。先让幼儿猜测并和同伴交流自己的见解。然后，我引导幼儿把小鱼拆开看一看能发现些什么？提出问题请幼儿思考："能被钓起的小鱼肚子里装了什么？不能被钓起的小鱼肚子里又装了什么？"幼儿通过动手探索，发现能被钓起的小鱼肚子里装的是小铁块、小铁环等铁做的东西。从而对磁铁吸铁的特性有了初步认识。

（3）找一找——探索发现铁制品与非铁制品

教师出示充足、丰富的材料，幼儿分组动手操作。用磁铁吸一吸，找一找，找出能被吸起的和不能被吸起的物品，并将其分类。教师巡回辅导，将幼儿的分类情况进行记录，请幼儿说说自己找出的磁铁的好朋友，鼓励幼儿大胆表达。这个环节不仅扩充了幼儿对铁制品与非铁制品的认识范围，也加深了幼儿对磁铁吸铁性质的认识。同时为下一个环节做了准备。

（4）做一做——让"小鱼"都能被钓起来

幼儿运用已有知识经验来解决问题，制作能被钓起的小鱼。请幼儿想一想，怎么利用磁铁吸铁的秘密帮助小鱼被钓起来。幼儿在制作的同时充分体验到探索的喜悦。

6. 说活动反思

活动体现了做中学的科学教育理念，活动过程遵循着感知—理解—巩固—应用的程序，层层深入。活动中幼儿发现问题，动手动脑探究问题、解决问题。随着活动的展开，幼儿不断加深扩展对磁铁吸铁、铁制品与非铁制品的认识。有效培养了幼儿对科学的兴趣与求知欲。

《生活中的数字》说课稿（中班）

各位评委老师，大家好！今天我说课的课题是中班数学活动《生活中的数字》。

1. 说活动教材

《指南》数学认知目标提出：让幼儿感到数学的有用和有趣。生活中无处不在的数字正是帮助幼儿理解数字意义的生动教材。本次教学活动内容来源于生活，从幼儿身边常见物品上的数字入手，帮助幼儿认识数字在生活中的作用。这对增进幼儿学习数学的积极情感和态度具有重要的价值。

2. 说学情分析

数概念水平：中班幼儿已掌握了自然数基数、序数的含义。知道数的大小和位置关系，能认读数字。这是学习本节内容的认知基础。

原有经验：中班幼儿在生活中有意无意获得了关于数字用途的经验。如他们经常看到钟表、电话等物品上的数字，对这些数字的用途也略知一二。

生活中的数字内容太过广泛，基于中班幼儿数概念发展水平和原有经验，制定以下活动目标和重难点。

3. 说活动目标

（1）了解生活中常用物品上数字的作用，体会数字与人们生活的密切关系。

（2）能仔细观察物品上的数字，用语言和绘画的方式表达对物品上数字的理解和认识。

（3）通过学习活动体验，能对生活中的数字产生探究兴趣。

幼儿数学教育最重要的是培养幼儿对数学的兴趣。我把情感态度目标放在首位，希望通过活动，引发幼儿对生活中数字的探索兴趣，在能力目标方面，提出了发展幼儿观察力及表达能力的要求。

重点：目标（2）所提到的"了解生活中常用物品上数字的作用，体会数字与人们生活的密切关系"是活动的重点。

难点：我把"知道不同物品上数字表示的意义"定为难点。因为中班幼儿往往满足于找到数字，如果没有教师提醒，不会主动思考数字的作用。他们对数字表示的意义和作用认识很模糊，常把物品用途当成数字表示的意义。例如：问幼儿尺子上的数字有什么用，幼儿会说量东西。

4. 说活动准备

（1）没有数字的钟表图片，1～12数字贴。

（2）师幼共同收集带有数字的物品，如小台历、温度计、手机、尺子、电视遥控器、带有牌号的玩具小车、图画书、儿童鞋……

（3）贴有"我看到的数字"标题的墙饰，画纸和画笔。

带有数字的物品很多，准备材料时考虑了两点：第一，选择幼儿比较熟悉的物品，使幼儿有话可说。第二，选择几种代表数字不同含义的物品，有表示自然数序数含义的，如书的页码，遥控器上的数字；有表示物体量的，如长度、温度、大小等；有体现数字编码作用的，如电话号码、车牌号码等。

5. 说活动方法

（1）中班幼儿思维以具体形象为主。教学中主要采用直观教学法，通过呈现带有数字的各种物品、演示教具的方式使幼儿获得对物品上数字的直接认识。此外，拟采用讨论法，通过讨论数字作用等问题，让幼儿在和同伴、老师的交流中建构对数字作用的认识。

（2）考虑到幼儿的学习方式以直接感知、实际操作和亲身体验为主。教学中让幼儿看一看物品,找一找数字,说一说数字用途,画一画物品上的数字,使幼儿在自主活动中愉快地学习。

6. 说活动流程

幼儿是学习的主体,为充分发挥幼儿学习的主动性,我为本次活动设计了三个环节。

（1）演示钟表教具,导入活动

我设计的导入语是:"今天老师带来了一样东西,请小朋友猜一猜是什么?"出示没有数字的钟表图片。待幼儿猜出答案后提问:"钟表上缺少什么?""没有数字行不行?为什么?"让幼儿谈论对钟表数字作用的认识。然后将1~12数字贴在钟表上并总结:"钟表上的数字能告诉我们时间。"

导入环节采用的是"前经验导入法",即根据幼儿已有认识发起活动。钟表上数字的作用是幼儿已有认识,没有数字的钟表给予幼儿强烈的视觉刺激,把幼儿的注意力一下集中在对数字的关注上。

（2）观察物品,认识数字的作用

本环节的内容是教学重点。我采取布置展览,幼儿参观的形式实施活动。在此,为幼儿创设典型的观察物品上数字的环境,投放丰富的材料,支持幼儿的学习。具体分为以下三个步骤:

① 看一看,找一找。

顺接导入部分,提出问题:"请小朋友看一看都有什么? 找一找上面的数字在哪里?"幼儿自由观察带有数字的物品。教师给幼儿充足的观察时间。并适时与个别幼儿交流,提醒幼儿观察物品上有哪些数字。

② 想一想,说一说。

幼儿获得了对物品上数字的直接认识后,让幼儿说一说对物品数字作用的认识。教师提出要求:"请小朋友选一样自己喜欢的物品,说一说这上面的数字有什么用?"我鼓励支持幼儿大胆讲述,并提问:"哪个小朋友还有补充?"促进幼儿之间的交流。

知道物品上数字的作用是活动难点。为突破难点,我采用倾听加引导的指导策略。"倾听"即注意倾听幼儿的回答,对幼儿已有认识做到心中有数。"引导"即根据幼儿的回答,通过追问、提升经验的方式对幼儿的认识进行梳理和提升,使幼儿对物品上数字的作用有比较清晰的认识。瑞吉欧教育体系有一句名言:"教师要接住幼儿抛过来的球。"教师作为引导者的作用正体现在此。

③ 发散思维,感受数字与人们生活的密切关系。

幼儿对物品上的数字及作用有了明确认识后,我设计一个开放性问题:"如果这些物品上没有数字会怎样?"让幼儿展开讨论并说一说自己的认识。我根据幼儿的回答进行总结:"生活中很多物品上面都有数字,有的告诉我们时间,有的告诉我们温度……,

数字真有用!"

三个活动步骤由浅入深,由具体到抽象,由感知到理解,逐步递进。在幼幼、师幼互动中达成活动目标。

(3) 绘画表现,深化认识

这个环节是让幼儿按意愿画一样带有数字的物品。之所让幼儿自主选择,主要是考虑到幼儿的个体差异性。幼儿画一画物品上的数字,可以深化其对数字的认识和理解。

幼儿画完后,将幼儿的作品布置在准备好的墙饰上,自然结束活动。

7. 说活动延伸

幼儿教育具有整合性的特点,表现在目标、内容、方法、活动形式等方面的整合。本次活动虽然结束了,探索生活中的数字活动会继续开展下去。我将在日常生活中,带领幼儿观察、寻找幼儿园内、大街上的数字,并让幼儿记录下来,拓展幼儿对身边生活场景数字及作用的认识。

《5的分解和组成》说课稿(大班)

各位领导老师,大家好!今天我说的课题是大班数学活动《5的分解和组成》。下面我将从说活动教材、说活动目标、说教法学法、说活动流程等环节进行说课。

1. 说活动教材

本活动的主要内容是大班科学《5的分解和组成》。本节内容是在幼儿学习了2、3、4的分解和组成的基础上进行的。基于幼儿对数概念难以理解,教材通过操作、观察让幼儿反复进行5的分解和组成的练习,从而帮助幼儿形成数概念。

2. 说活动目标

幼儿园数学是一门系统性、逻辑性很强的学科,有着自身的特点和规律,新《纲要》提出:"数学教育必须要让幼儿能从生活和游戏中感受事物的数量关系并体验到数学的重要和有趣;教师要引导幼儿对周围环境中数、量、形、时间和空间等现象产生兴趣,建构初步的数概念,并学习用简单的数学方法解决生活和游戏中某些简单的问题。"由此可见,活化、游戏化已经成为构建数学课程最基本的原则。在对教材和本班幼儿的学习情况有一定了解后,我制定出本次活动目标:

(1) 学习5的分解和组成,引导幼儿归纳分合式中两边数列分别是递增、递减的关系。

(2) 激发幼儿主动探索、与同伴交流的兴趣。

(3) 活动重点难点

大班幼儿出现抽象逻辑思维的萌芽,在认识事物方面,不仅能够感知事物的特点,而且能够进行初步的归纳和推理。因而本次活动的重点是让幼儿学习5的分解和组成;难点是在此基础上引导幼儿归纳出分合式中两边数列的关系。

3. 说教法学法

本节课属于数概念教学，对幼儿园的小朋友来说比较难理解，为了帮助幼儿掌握教学重点，突破难点，依据新的数学课程标准，本节课在教法上力求体现以下几点：

（1）创设生动具体的教学情境，使幼儿在愉悦的情景中学习数学知识。充分利用教材提供的教学资源，结合活动室里的环境，利用生动有趣的故事情节为幼儿展现一环环的活动过程，引发幼儿的兴趣，调动幼儿的情感投入，激活幼儿原有知识和经验，以此为基础展开思考，自觉地构建知识。

（2）鼓励幼儿独立思考、自主探索和合作交流。现代教学观要求转变幼儿传统的"接受式"学习方式，动手实践、自主探索和合作交流已成为幼儿学习数学的重要方式。在教学中，让幼儿在具体的操作活动中进行独立思考，并与同伴交流，亲身体验知识的生成过程，体验学习成功的乐趣。

（3）尊重幼儿的个体差异。由于幼儿的生活背景和知识水平不同，在参与教学活动的过程中，教师要注意加强个别辅导。

依据新的课程标准，必须转变幼儿的学习方式，在本节课中幼儿的学习方法上力求体现：

（1）在具体的情境中让幼儿学会亲自解决问题，体验探索的成功、学习的快乐。

（2）在动手操作、独立思考、进行个性化学习的基础上，开展同伴交流和全班交流活动，通过互助让幼儿构建学习方法。

（3）通过灵活、有趣的游戏，巩固新旧知识，提高计算技能。

（4）通过观察直观的表格，进行归纳和推理，发展抽象逻辑思维能力。

4. 说活动流程

（1）游戏导入，复习4的组成

出示数字4，玩碰球游戏："嘿、嘿、嘿，我的1球碰几球？嘿、嘿、嘿，你的1球碰了3球。"这样的设计是遵循"游戏是幼儿的主要活动"的原则，重在激发幼儿参与活动的兴趣。

（2）学习5的分解

通过抛出问题，帮助小鸭分吃饼干的情节，使数学贴近于生活，激发了幼儿的探索兴趣。正如《纲要》中指出："让幼儿学习用简单的数学方法解决生活和游戏中某些简单的问题。"大班幼儿具有活动的自主性、主动性，自我控制能力提高，我安排了操作圆形卡片和数字卡片的活动，让幼儿在操作中自主探索5的4种分法，启迪幼儿的智慧。由于大班幼儿已有一定的自我约束能力、规则意识，所以我提出操作活动要求时，让幼儿服从一定的纪律，培养他们良好的学习习惯和行为习惯。

（3）引导幼儿归纳分合式两边数列的关系

大班思维中出现抽象逻辑思维的萌芽，在认识事物方面，不仅能够感知事物的特点，而且能够进行初步的归纳和推理。本班幼儿好学、好问，喜欢有挑战性的学习内容。

学习内容要有一定适当的难度,要有一定的挑战性,我设计了归纳5的分合式中两边数列的关系这一环节,目的是让幼儿"在跳一跳够得着的地方"进一步提升他们数概念质的飞跃。

(4) 找一找,合一合(学习5的组成)

设计这一环节的意图是让幼儿将所掌握的知识应用于实际当中,引导幼儿对周围环境中数、量、形、时间和空间等现象产生兴趣,同时要求他们进行记录,并和同伴交流,有利于发展他们的表达能力、合作能力。

(5) 游戏"鸭子走",出活动室

根据第二环节中《鸭子作客》的故事,引出"鸭子走"的游戏:1只鸭子前面走,4只鸭子后面走;2只鸭子前面走,3只鸭子后面走……这样的教学安排前呼后应,让幼儿兴致浓浓地在复习5的分解和组成中结束本节课。

5. 说活动延伸

(1) 在幼儿园活动区域内,幼儿继续练习5的分解与组成训练。

(2) 回家以后和爸爸、妈妈一起做数字分解与组成的游戏。

各位评委老师,我的说课到此结束,谢谢大家!

案例评析

(1) 学习活动在以前学习的数的分解和组成的基础上展开,易于幼儿接受和理解。

(2) 活动目标制定具体与细致,是《纲要》总目标的细化,体现了《纲要》对数学领域的学习要求。

(3) 重难点选择符合幼儿认知特点,体现"最近发展区"理论依据。

第五节 艺术领域说课案例

《快乐的泡泡》说课稿(小班)

尊敬的各位领导老师,大家好!今天我说的课题是小班美术活动《快乐的泡泡》。下面我将从说活动教材、说活动目标、说活动准备、说教法学法、说活动流程、说活动延伸等几个方面进行说课。

1. 说活动教材

《纲要》中多次提到,要通过艺术活动激发情趣,体验审美愉悦和体现成就感。幼儿对艺术活动的表现往往带有"情绪色彩",常停留在"好玩""我喜欢"的水平上。这种兴趣容易转移,也易于波动,因而激发兴趣需要贯穿始终。

小班幼儿的思维正处于直觉行动思维向具体形象思维过渡的时期,他们情感外露,不稳定,带有很大的情绪性。他们学习的特点是只关心活动的过程,不关心活动结果,因此,"快乐的泡泡"小班美术学习活动更应注意游戏化、情境化,强调让幼儿在愉快、轻松、自由的游戏中自娱自乐、玩中学、玩中获得美术鉴赏能力的初步发展。

2. 说活动目标

(1) 能大胆选择色彩印画,表现大大小小的圆圈泡泡。

(2) 体验鱼儿孤独和快乐的情绪。

(3) 喜欢参加美术活动。

新《纲要》中强调:"提供自由表现的机会,鼓励幼儿用不同的艺术形式大胆地表达自己的情感、理解和想象。"

目标(1)是本次活动的重难点。第(2)、(3)目标是情感目标,主要是激发幼儿对艺术活动的兴趣,为下次的活动做精神铺垫,让幼儿体验到帮助别人的快乐。

3. 说活动准备

在活动中我准备了大大小小的瓶盖,都是我们幼儿生活中常见的物品。还有抹布、水粉颜料和大海的背景图。

4. 说活动方法

根据活动内容,我主要采用了示范讲解法,这是美术活动中最常用的教学方法,能帮助幼儿掌握正确的表现方法,主要体现"幼儿是活动的主体,教师应该成为幼儿学习活动的支持者、合作者、引导者"这一理念。采用游戏法是因为游戏是幼儿最喜爱的活动,游戏能增强幼儿参与活动的兴趣。幼儿在轻松、愉快的游戏中很容易就能掌握所学技能。谈话法是为了激发幼儿的兴趣,吸引他们的注意力。

幼儿的学法"操作法"也是美术活动中常用的学法,幼儿通过动手操作,才能掌握技能技巧和从中体验情感教育。

5. 说活动流程

在活动中我们从激发幼儿的兴趣入手,围绕目标将多种教学形式相整合,使幼儿能始终处于积极的探索状态。

活动流程为:激发兴趣—教师示范—幼儿操作—欣赏作品。

(1) 引出主题

我们班上来了一位小客人,出示一条鱼的图片。

师:"我是一条孤单的鱼,在大海里孤单地游来游去,没有朋友。唉!"

提问:"鱼儿怎么了?"

师:"你们愿意帮助我吗?愿意和我做朋友吗?"

幼儿将身上的鱼儿拿下贴在海洋图上与小鱼做朋友。

师:"我现在有这么多朋友,我好开心,想吐泡泡,你们和我一起吐泡泡吧。"

第一环节开始部分。我用"小鱼来我们班做客,小金鱼一个人孤单没有好朋友"为幼儿创造了一个故事情境,让幼儿融入环境中,体验鱼儿孤独的情绪。由"找到了好朋友很开心,它想和好朋友一起吐泡泡"引入主题,激发幼儿动手操作的兴趣,体验鱼儿快乐的心情。

(2) 教师示范

提问:"那你们知道泡泡是什么形状的吗?"

师:"我们怎样帮小鱼吐泡泡呢?"教师出示水粉和瓶盖。

请幼儿观察瓶盖的形状。请幼儿想办法画泡泡。

教师示范用瓶盖印画。提示幼儿在印的过程中注意每次只能蘸一种颜色,不需要时用抹布擦去。

第二环节是认识创作工具的过程。因为每次的创作都有不同的工具,所以通过每次活动让幼儿认识工具的名称也是必要的。当然这也需要多次活动经验的累积,使幼儿逐步掌握每种工具的使用方法。幼儿通过教师的示范和自己动手操作学习新的绘画方式。

(3) 幼儿操作

鼓励幼儿尝试选用大大小小的圆形材料印泡泡,幼儿随着音乐自由地选择瓶盖与颜料印泡泡。

第三环节是印的过程。让幼儿在印的过程中体验快乐。这里我运用了教师示范工具的操作方法,是启发式的,是让幼儿自然而然地掌握工具的运用。印的过程中幼儿共同合作,共同游戏,共同体验印的乐趣,共同欣赏作品。

(4) 欣赏幼儿作品

请个别幼儿到前面说说自己印的泡泡,说说自己的泡泡是什么颜色的。通过评价幼儿作品,给予肯定,提高幼儿的积极性。

(5) 结束部分

幼儿和教师唱着《小金鱼》的音乐游出教室。这样头尾呼应,快乐地结束活动。

6. 说活动延伸

(1) 幼儿到活动区域继续完善自己的作品。

(2) 将自己的作品带回家,把作品内容讲给爸爸、妈妈听,与他们共同分享。

📖 案例评析

(1) 目标制定符合小班幼儿的特点,简单、易懂。

(2) 活动过程开展简洁,教师在导入时引导得当。示范作画时步骤清晰,幼儿易于操作学习。

(3) 在教学过程中设计幼儿动手操作环节,既体现了学以致用的教学要求,同时为幼儿的相互合作、相互交流提供平台,又能让幼儿充分地体验成功的快乐。

《小熊的糖果》说课稿(中班)

尊敬的各位老师,你们好。今天我说课的内容是中班音乐欣赏活动《小熊的糖果》。首先,对教材分析进行分析。

1. 说活动教材

《葡萄牙进行曲》是一首节奏欢快、旋律活泼的乐曲,很容易引起幼儿的兴趣。中班幼儿的思维方式以具体形象思维为主,他们对音乐形象的感知应尽可能借助多种感官进行。故事是孩子们最爱听的,游戏是孩子们最爱玩的。根据幼儿以上特点,在本次活动中,我将故事、音乐游戏与乐曲《葡萄牙进行曲》有机结合,让幼儿在轻松、自然、愉快的氛围中感受音乐。

2. 说活动目标

(1) 欣赏音乐,感受乐曲欢快的情绪特点。

(2) 通过图片与音乐匹配的方式了解音乐结构,并能运用肢体动作表现音乐。

目标(2)是本次活动的重点与难点,它清晰地呈现了活动的基点,不仅仅停留在对音乐内容的了解与一味的模仿学习中,而是将音乐素材与幼儿的生活经验相整合。为解决这一重难点,我利用图片与音乐匹配的方式帮助幼儿了解音乐结构,同时利用与故事情节相结合的方式,帮助幼儿更好地感受和理解音乐。为使教学活动更加形象化、具体化、生动化,我做了充分的教学准备。

3. 说活动准备

(1) 小熊手偶。用孩子喜爱的形象吸引其注意力,能起到事半功倍的效果。

(2) 图片。图片能够使抽象的音乐形象直观化,更好地帮助幼儿感知音乐形象,了解音乐结构。

(3) 音乐《葡萄牙进行曲》。这是由一个旋律回旋重复了8次组成的乐曲。首先是两小节行进式引子,后面的旋律可分为两部分。第一部分由两句相同的乐句组成,沉稳而又欢快,两句旋律线像行走在道路上。第二部分也是由两句基本相同的乐句组成,急促而欢快,很像是遇到了危险要躲到山洞里。

4. 说活动方法

本次活动,我运用的教学方法是多感官参与法。通过听一听、看一看、说一说、做一做等手段,循序渐进地引导幼儿感受体验音乐《葡萄牙进行曲》的情境。用自己的方式大胆想象,快乐表达。较好地体现出《纲要》倡导的让幼儿在艺术活动中大胆运用各种方式表达自己情感、理解和想象的理念。

5. 说活动流程

(1) 出示手偶,激发幼儿学习兴趣

我利用"维尼熊手偶"导入本次活动。"嗨,小朋友们好,我是你们的好朋友维尼熊。

大灰狼把我最爱吃的糖果藏到了一个秘密的地方,我想请你们帮我找到糖果然后一起分享。你们愿意和我一起出发去寻找糖果吗?"可爱的维尼熊形象不仅吸引了幼儿的注意力,而且激发了幼儿参与活动的欲望。

(2) 初步感受音乐

① 幼儿完整欣赏音乐。

通过"维尼熊看到小朋友们十分愿意帮助他,他的心情是怎么样呢?猜猜音乐中的小熊都到了哪里?"引导幼儿初步感受乐曲欢快的情绪特点,为下面分段欣赏音乐做铺垫。

② 利用音乐与图片相匹配的方式分段欣赏音乐,并用肢体动作来表现音乐。

先让幼儿分段欣赏音乐,引导幼儿感受乐段第一部分与第二部分旋律带来的不同的听觉感受,如第一部分的听觉感受是平静的、明亮的、放松的,而第二部分的听觉感受则是急促的、紧张的。然后出示道路与山洞图片,让幼儿将听到的音乐与相应的图片进行匹配。如第一部分平静、明亮的音乐就像小熊行走在道路上,第二部分急促、紧张的音乐就像小熊遇到了危险赶紧躲藏到了山洞里。引导幼儿创编小熊行走和躲藏的原地动作与空间动作,并能够运用动作表现音乐的变化。我这样引导幼儿(放音乐第一部分):"小朋友们,你能从音乐中听出小熊是在哪个地方寻找糖果吗?那为什么是在道路上呢?啊,原来这段音乐听起来很平静、很明亮,就像小熊正走在宽阔的大路上,你们知道小熊是怎样走路的吗?谁能学一学它走路的样子。我们一起来模仿小熊走一走。"之后由老师带领幼儿用自己创编的肢体动作表现音乐。

接下来欣赏第二部分音乐(放音乐),"咦,这段音乐和前面那段完全不一样,你能感觉到发生了什么?大灰狼来了,小熊应该怎么办呢?对了,小熊应该藏到山洞里,我们一起来模仿小熊是怎么藏到山洞里的吧。"老师带领幼儿再跟音乐做肢体动作表现音乐。

通过这样的方式,引导幼儿先感受音乐,再用语言、图片和肢体动作进行表现,帮助幼儿更加全面地了解音乐、感知音乐的细节,充分发挥幼儿的想象力、创造力。

(3) 在音乐游戏中反复完整感受音乐

幼儿熟悉音乐结构之后,分组进行游戏,将幼儿分为两组,第一组幼儿创设环境,第二组幼儿扮演小熊,音乐响起的时候,所有小朋友一起进场。听到第一部分音乐时,第一组小朋友迅速排成两排创编动作扮演道路两边的大树,第二组小朋友扮演小熊创编动作在大路上行走;当听到第二部分音乐时,第一组小朋友搭成山洞,第二组小朋友自己创编动作躲藏到山洞里静止不动,没有静止的小熊将被老师扮演的大灰狼抓到,取消游戏资格。音乐停止后没有被抓到的小熊能够成功拿到糖果。游戏结束后,两组幼儿互换角色再次进行游戏。在反复游戏中能使幼儿逐步加深对音乐的感受。

这一环节,我将角色表演和音乐游戏相互融合,让幼儿在自由创编动作与即兴表演中感受音乐的美,体会创作的快乐,培养他们的创新意识与创新能力,并使幼儿的合作意识与群体游戏中的规则意识得到发展。

(4) 结束部分

在音乐游戏中自然结束活动。

6. 说活动反思

教学中我运用了视听结合、动作创编、音乐游戏等多种方式引导幼儿多方面感受与表现音乐美。活动过程我采用了整—分—整的教学方法,不仅可以让幼儿完整地感受音乐结构的特点,还可以让幼儿了解音乐的细节,从而顺利完成活动目标。

《筷子舞》说课稿(大班)

各位评委老师,大家好!今天我说课的课题是大班韵律活动《筷子舞》。

1. 说活动教材

本次活动内容是让幼儿用筷子跳舞,改变了幼儿关于筷子是用于吃饭的原有经验,使他们产生好奇和兴趣。看到这个课题,我马上联想起传统的蒙古族舞蹈"筷子舞"。幼儿进入大班后,对具有异域风情的音乐和韵律活动更感兴趣,我想让幼儿在感受、体验、表现民族音乐的基础上,领略蒙古族舞蹈的风情。韵律活动中,音乐的选择十分重要,我选择了幼儿喜欢并学过的《牧童之歌》作为本次活动的音乐,这首歌曲旋律优美,节奏欢快,便于幼儿边唱边做动作,体验活动的快乐。

2. 说活动目标

韵律活动不仅仅需要舞蹈技能、活动秩序的支持与保障,还有对幼儿空间思维、人际交往以及快速反应的要求。活动的组织既要体现"审美",又要"实实在在"让幼儿有所得。因此,我根据大班幼儿的年龄特点和动作发展水平,制定了以下目标:

(1) 感受蒙古族舞蹈的特点,学习筷子舞的舞蹈动作。

(2) 变换队形,体验与同伴集体跳舞的快乐。

活动重点:学习"筷子舞"的基本动作。

活动难点:相互配合,变换队形。这需要幼儿具有一定的空间方位判断能力和较强的合作能力。

3. 说活动准备

现代化的教学手段集音、形、色、动为一体,为了有效地吸引孩子的注意力,引发学习兴趣,完成拟定的教学目标,做了相关教学准备。

(1) 经验准备

《牧童之歌》的音乐,具有明显蒙古族风情。活动前,教幼儿学会唱这首歌曲。调动他们参与活动的主动性和积极性。

(2) 物质准备

每个幼儿手持两把同样色彩的筷子(活动时,部分幼儿拿红彩带筷子,另一部分幼儿拿绿彩带筷子)。准备不同颜色的筷子,目的是使幼儿区分队形变换。

4. 说活动方法

"成功的教学需要的不是强制,而是激发孩子的学习兴趣。"我主要采用示范法、讲解法、练习法来实施教学。具体方法将结合活动过程进行阐述。

5. 说活动流程

为了让幼儿在活动中真正动起来、跳起来,快乐地学习。我设计了三个教学环节。

(1) 提出问题,导入活动

活动开始,我拿出筷子,问幼儿:"平时我们都用筷子干什么?"幼儿回答后,我告诉幼儿蒙古族的小朋友高兴的时候会拿筷子来跳舞,表达他们愉快的心情。提问的方式不仅可以引起幼儿的注意,而且会促使幼儿进行积极思考。

(2) 运用示范法,学习筷子舞

① 教师随乐舞蹈,幼儿初步感知筷子舞优美的韵律。

组织幼儿围成半圆形,使幼儿清楚、直观地观察到我的每一个动作。

② 幼儿学习筷子舞的基本动作。

幼儿拿起筷子,学习筷子舞的基本动作:根据儿童动作发展是从单纯动作到复合动作,从不移动动作到移动动作的发展规律,我设计了以下四组基本动作:第一组,原地敲击筷子,发出有节奏的声音;第二组,学习弓箭步,用筷子敲击肩部;第三组,学习行走并敲击筷子;第四组,学习相互配合敲击筷子。

这一环节,在教学方法上,我交替使用讲解法和示范法。示范法最直观,幼儿边看边模仿教师的动作,伴随教师的讲解使幼儿更细致地把握动作要领。

③ 幼儿练习筷子舞。

运用练习法时,我采取集体练习与分组练习相结合的方式。如幼儿按筷子颜色分组、男女分组等,保持幼儿学习的兴趣。幼儿互相帮助,共同学习动作。教师在旁随机指导。

(3) 学习队形变换,与同伴配合随乐表演

幼儿掌握基本动作后,加大难度。学习变化队形。这是教学难点。

要求拿红色彩带筷子的幼儿向内圈走,拿绿色筷子的幼儿原地敲打节奏。在队形变化后的基础上,两个小朋友面对面,互相敲击对方肩膀,做基本动作中的第四组动作。在教学中我请幼儿思考:怎样才能变换好队形?每一次练习后都让幼儿反思自己的做法,幼儿不仅有身体的活动,思维也活跃起来。

(4) 完整随乐曲表演筷子舞

教师和幼儿在音乐声中共同舞蹈。在这一环节,为进一步让幼儿体验舞蹈的快乐,我引导幼儿根据自己的理解,大胆想象,用不同的方式表现动作。如启发幼儿思考:筷子除了可以打在肩膀上、地上,还可以打在哪儿?引导幼儿创造性地进行表演,将整个活动推向高潮。

6. 说活动延伸

活动结束后,在区角中设置蒙古族服饰、乐器等,让幼儿对蒙古族文化有更多的了解,以激发幼儿从小关注我国民族文化的情感。

课后练习

1. 举例说明同一个"领域"说课稿在大、中、小班的差异。
2. 在幼儿园"五大领域"中,各选一个活动主题,撰写五份说课稿并在班级内进行交流评价。

中篇

微型课

第五章 微型课概述

1. 了解微型课的意义及特征。
2. 知道上好微型课的基本要求。
3. 熟悉微型课的评价标准。

第一节 微型课的界定、意义及特点

一、微型课的界定

微型课（Micro-teaching），顾名思义，是比正常课时间长度短、教学容量小、没有幼儿参与的课，是指以经验交流或训练、甄别教师素质和能力为目的，在非常规教学情境下，按照《纲要》《指南》和教材的要求，有计划地实施在教学内容、教学时间等方面进行微缩的教学活动。

微型课区分于常规课、研究课、观摩课、说课以及微格课：其一，在教学场景上，微型课、说课、微格课一般不在真实课堂上，而常规课、研究课、观摩课是在真实课堂上；其二，在教学主体上，微型课同微格课一样，其中的"师幼"可能是一种角色扮演，如"老师"可能是幼师生扮演，"幼儿"则是其同学扮演，而常规课、研究课、观摩课的教学主体则是真正意义上的教师和幼儿，说课中无幼儿参与；其三，在活动程序上，微型课同常规课、研究课、观摩课类似，与说课及微格课差别较大；其四，在活动时间上，微型课同说课、微格课一样时间比较短（20分钟左右），而常规课、研究课、观摩课的时间较长（幼儿园小班一般15分钟、中班25分钟、大班30分钟）；其五，在活动功能上，其余四课功能相对较单一，而微型课集训练、考查、选拔、研究、交流等多项功能于一体，体现较强的适用性和高效性。其效能的评判可以参照有效课堂教学的基本评判标准来进行。评判中要注意的是微型课中教学主体要扮演"教师""幼儿""研究者"等多种基本角色。因而，相对于其余"四课"，对微型课的评价的维度和权重略有差异。

二、微型课的意义

"微型课"的本质是课，具有课的基本属性。与常规课不同的是它时间短，是课堂教学过程的再现，是一个没有幼儿实际参与的检验过程，由评委老师来判断上课老师的教学过程是否能达到预期的教学效果。微型课可以作为一种教学技能的考核。微型课的具体过程其实和常规课堂教学是一样的，也就是幼儿教师在讲台上把教学过程进行展示，其间包括老师问题的提出、课堂活动的安排、师幼合作解决问题等过程。只不过由于没有幼儿，某些设计都是在提出问题或安排后，假设幼儿已经完成了，教师只需要将下一个教学环节继续展示下去。由此可以看出，微型课其实就是上一堂完整的课，但没有幼儿的真正参与，教师的活动安排是作为假设来进行的，由下面的评委教师来判断这个问题及活动的可行性。也因为没有幼儿的真正参与，幼儿答疑或活动的时间都被节约下来的。

微型课上课时间一般只有20分钟，最多不超过25分钟。教学内容集中，一般为某一个知识点或一节课内容的某一个方面；教学形式简单，只面对评委授课；在教学性质上具有甄别评估功能。微型课现场抽取课题，在规定时间内（一般为30分钟～60分钟）现场备课，现场授课。微型课属于"经济实用"型课，它对教学场地、教学对象、教学设施等要求不多，能够在有限的简短时间内，对众多教师的教学能力分别做出甄别与评估，为教学比赛、教师招聘、资格认定、能力评估等工作提供较为快捷实用的可靠依据。近年来，在教学比赛、教师招聘、教师资格认定、职称评定等众多涉及教师的大型活动中，为了在较短时间内快速而有效地对每一个人的教学能力做出较为公正的评估，通常采用上微型课的方式来评价一个教师是否具备基本的教学素养。

三、微型课的特点

"凤头—猪肚—蛇尾"，这是一节精彩微型课的最大特点。通常情况下，微型课具有"规模小，环节齐；目标准，重心明；节奏紧，效率高；理念新，创意好"的特点。

1. 规模小，环节齐

微型课是完整课的浓缩，规模较小，这是微型课的显著特点。从教学主体来说，上课时，试教幼师生即为"教师"，而评委即扮演"幼儿"。从教学内容上来说，一般只安排1～2个知识点的讲授，有相对的独立性；从教学时间上来说，要求在20分钟左右完成；从教学方法上来说，一般以讲授法为主，适当辅以讨论法、演示法、练习法等方法；从教学过程上来说，强调环节的相对完整性，重点突出引入新课、探究新知、技能训练和总结提升等几个环节。

2. 目标准，重心明

微型课的上课时间短、内容少，因此不要求"基础知识与基本技能""过程与方法"

"情感、态度与价值观"教学目标面面俱到,而是要求定位具体、准确,可以细化到某个单一目标,顺利达成;讲课时,把握重心,切中要害,重点知识做到精讲多练,难点知识做到化解突破。

3. 节奏快,效率高

微型课要求在短时间内达成教学目标,教学环节安排环环相扣,节节相连,承前启后,不拖泥带水,因此,较之完整课而言,教学节奏略微偏快,解决问题更为快捷,效率更高。

4. 理念新,创意好

微型课的教学设计以及教学实施要体现幼教新理念要求。教法上注意选择和使用的灵活性和适用性;学法上注意引导幼儿的主动性和探索性;手段上注意现代教育技术应用的技术性和实效性;活动上注意师幼互动的自然性和协调性;评价上注意促进幼儿学习的多元性和激励性。此外,微型课在设计和实施上一般还要体现某种鲜明的特色和良好的创意,达到授课者的设计意图。

第二节 微型课的基本要求和授课策略

一、微型课的基本要求

1. 揭题要迅速

由于微型课要求时间短少,切勿在导入环节"绕圈子""摆排场",切入课题要迅速,所以对切入课题的方法大有文章可做。可以设置一个待解决的学科问题引入课题;可以从以前幼儿学习内容的延续知识引入课题;可以从生活现象、实际问题引入课题;也可以开门见山进入课题,或设置一个疑问、悬念等进入课题。切入课题的方法是灵活的,切入课题的途径是多样的,但不管采用哪种方法和途径,都要求切入课题"引人入胜",吸引眼球,力求新颖;更要求与课题的关联紧凑,迅速切题,这是进入课题的一个必须遵循的原则,因为我们要把较多的时间分配到新内容的学习交流上。

2. 线索要清晰

尽管说所有的课都要求讲授线索的清晰醒目,但在微型课的讲授中,更要求尽可能地只有一条线索。在这一条线索上突出重点内容,显露出来的是内容的主干,剪掉的是可有可无的举例、验证等这些侧枝旁叶。为了讲授重点内容,往往需要罗列论据,所以要在较多的论据中进行精选,力求论据的充分、准确,不会引发新的疑问。

3. 语言要得体

语言的准确简明是教学基本功的一个重要方面,而在微型课中由于时间的限制,语言的准确简明显得更为重要。它并不是语速的快捷,相反,它就如盛夏美丽的涧泉,流

淌中有舒缓和急越,表现为抑扬顿挫,口齿清晰,干净利落。尽管这些在于平常的训练,但在备课的过程中,把自己将要讲述的内容结合要说的话语,以及将要采用的表达方式、手势、表情,其中要注意关键字、关键词的应用,能在自己的头脑中过一遍,这是很有必要的,其实这也是平时的训练方法。在语言生动,富有感染力的同时,更要求做到准确,逻辑性强,简单明了。

4. 板书要简约

板书的作用是展示授课人讲述内容的要点,帮助听课人了解所听内容的重点。好的板书犹如一幅精致明丽的山水画。板书不宜太多,太多表现为累赘,会冲淡板书对内容要点的提示作用;板书也不宜太少,太少往往会使板书表达不清。在微型课中,部分板书可以提前准备到纸板上,以挂图的形式在授课的过程中展示在恰当的位置,这样可以节省时间。无论如何,板书要做到精简,且使要点突出,线索清晰为原则,同时以多媒体课件呈现为佳。

5. 小结要精炼

一节课的小结是必不可少的,它是内容要点的归纳、梳理和强调,目的是使讲授重点进一步突出。好的总结可以对讲授的内容起到提纲挈领的作用,加深幼儿对所学内容的印象,减轻幼儿的记忆负担。好的总结往往在一节优质课中起到画龙点睛的作用,可以使一节课提升到一个新的档次,给人一种舒坦的感觉,使人回味无穷。在微型课的结尾,一定要有小结,用1分钟左右的时间对一节课的教学进行归纳和总结,使微型课的课堂结构趋于完整。微型课的小结,不在于长而在于精,在注重总结内容的同时,更应注重学科思想方法的提炼、升华与拓展。

总而言之,上好一节微型课,需要把握微型课的特点,弄清微型课与说课的区别,加上标准的语音、得体的教态、漂亮的板书、对教材的准确把握、对教法的恰当选用等,就能上好一节微型课。

二、微型课的授课策略

1. 要处理好"有"与"无"的关系

在微型课的现场没有幼儿,但执教者心中不能没有幼儿。微型课的具体教学过程和常规教学是一样的,也是教师在课堂上展示课堂教学的整个流程。教学流程中的"幼儿活动"环节,教师该提问提问,该布置布置,该指导指导,该点拨点拨,该评价评价。这些流程都要一一呈现。只是幼儿没有实际操作,执教者只是假定幼儿已经完成,预设幼儿完成的程度和结果。这种预设是否恰当、点拨评价是否到位,要由专家评委做出判断。所以,要做到预设"恰当"、点拨评价"到位",执教者就要在备课时研究幼儿,设想所对应的幼儿群体的状况,做到"场上无幼儿,心中有幼儿"。

2. 要处理好"多"与"少"的关系

微型课时间有限,课堂教学内容的容量有限,处理好"多"与"少"的关系,做到恰到好处,尤为重要。内容过多,未免庞杂;内容过少,未免空洞。"庞杂"则显重点不突出,"空洞"则显内存不丰满。无论常规教学,还是微型课,板书都是必需的。只不过在微型课上"多"与"少"的矛盾尤为突出而已。板书太多,既费时,又显累赘;板书太少,虽省了时间,但也许会造成表意不清,难以取得预期效果。

3. 要处理好"快"与"慢"的关系

微型课时间短,必须要突出重点,不要在细节上过度花费时间。导入的方式、方法、途径、技巧很多,有不少人写过这方面的文章,大家需要可以找来读,需要强调的是,不管用什么方式、何种途径技巧,都要与课堂教学内容紧密关联,并力求做到新颖独到、引人注目。在一节课即将结束的时候,对内容要点来个归纳,是非常必要的,也是不可或缺的。快捷而不拖泥带水的结语在起到提纲挈领、画龙点睛的作用的同时,也会给人以无穷的回味和美好的享受。

第三节 微型课的评价标准

一节优秀的微型课标准是什么?如何评价?这也是专家、评委们关心和研究的问题。通常可以从以下几个观察点来诊断与评判。

第一,目标设定恰当。目标不仅是教学的靶向,也是教学的出发点和归宿,同时也是评价课堂教学效果的依据。目标制定应根据《纲要》和《指南》、教材内容、幼儿特点、教师情况以及现场的教学环境而定,目标设定不仅要"明确、具体、简洁",还要注意大小恰当,可测可达。

第二,导入设计简洁。微型课时长短,因此导入部分要简洁明了,不讲排场、不搞花哨,力求新颖独匠、吸引眼球。其中,"密切课题"是基本要求,"新颖独到、引人注目"是获得好评的必要条件。而"激发听课的兴趣,引发探究的欲望,激活创新的动机",能做到其中之一,就是好导语,就是成功的导入。

第三,过程表演真实。微型课与常态课基本环节相同,也是教师在课堂上展示课堂教学的整个流程。教师该讲的讲,该问的问,该做的做,该导的导,该评的评。所有"过场"都要全部呈现。老师要声情并茂,虚拟与幼儿交流,千万不能对着课件自言自语,行为动作、肢体语言、师幼交流都要像有幼儿一样具体、到位、真实。

第四,语言表达精准。微型课是"独角戏"、是"话剧",以讲解为主。因此,授课者的讲解水平深受评委的关注。讲解有条理清晰的讲解,有充满激情的讲解,有环环相扣的讲解,有循循善诱的讲解,有启发思维的讲解,有创新拓展的讲解……无论哪一种讲解,都以语言为支撑。因而,语言的锤炼,不仅必要,而且必须。教师语言在要求生动,富有张力与磁性的同时,更应做到准确、简洁,逻辑性强。

第五,亮点展示突出。微型课时间简短,如果平铺直叙,就显得没有亮点,不容易给评委留下深刻印象。所以,一节微型课一定要有自己独特之处,也就是要有亮点与特

色。这个亮点与特色可以是深入浅出的讲解,可以是细致入微的剖析,可以是激情四射的朗诵,可以是精妙完美的课堂结构,也可以是准确生动的教学语言等。

第六,节奏控制和谐。微型课"麻雀虽小,五脏俱全"。因为时间短,把握教学的节奏就显得尤为重要。执教者要在开始后的1~2分钟,完成导入,切入正题。要适时引出重难点,在恰当的时机呈现亮点。在预设的"问题提问、幼儿活动、幼儿互动、师幼交流"处,有2~3秒钟的停顿,再针对预设的典型错误做简短的点评以推进教学。约在总时间三分之一处要有小高潮(大约在7分钟左右),三分之二处达到高潮(大约在15分钟左右),最后2~3分钟着手结课。

第七,学情关注细致。在备课的时候,授课者就要备好幼儿,或者设想教材所对应的幼儿现状,幼儿哪部分知识点学习有难度,要特别安排点拨与化解,假设幼儿学习时的错误行为,并及时给予纠正、指导和评价。

第八,板书呈现精美。微型课也有板书要求,不能因为是微型课就没有板书,板书也是教师教学基本功的重要方面。板书设计要精练、美观、有条理。好的板书,是一节课的主要知识脉络,能给听课者一个完整、直观的效果。板书不宜太多,也不宜太少。板书也可以提前准备到纸板或小黑板上,在授课的过程中展示在恰当的位置,这样可以节省时间。

第九,收尾要求快捷。一节课的结语是必不可少的。在一节课即将结束的时候,对知识要点来个梳理与归纳,是非常必要的,也是不可或缺的。尽管时间紧,最后也一定要对本节微型课的教学内容加以归纳和总结,以求课堂结构趋于完整。微型课的小结,不在于长而在于精,在注重总结学习内容的同时更应注重学科思想方法的归纳与提升以及立德树人等方面正能量的弘扬与彰显。

课后练习

1. 简述微型课的意义及特征。
2. 上好微型课的基本要求有哪些?
3. 说出微型课的评价观察点及其标准。

第六章 幼儿园微型课案例

1. 知道微型课教案的基本结构。
2. 了解"五大领域"微型课教案的异同。
3. 会撰写微型课的教案。

第一节 健康领域微型课案例

《谁的牙齿最干净》(中班)

一、活动目标

1. 知道牙齿不仅可以咀嚼食物,帮助消化,还能帮助我们清楚说话。
2. 通过观察阅读画面,初步认识牙齿的好坏,了解刷牙的正确方法。
3. 懂得牙齿的用处很大,要注意保护好自己的牙齿。

二、活动准备

1. 洗好、切好的苹果若干。
2. 幼儿用书——《我的牙齿用处大》、铅笔人手一支。
3. 多媒体动画《谁的牙齿最干净》。

三、活动过程

1. 每一位小朋友吃一块苹果,说说牙齿的用处。

教师:请小朋友慢慢吃苹果,吃完后告诉大家,你是怎样把苹果吃下去的?

引导幼儿说出需要牙齿咬和嚼,帮助我们把食物吃下去。

2. 认识牙齿的构造。

请小朋友把嘴巴张开,互相看一看,牙齿是什么样子的?

使幼儿知道每个人嘴巴里有许多牙齿,我们的牙齿有上下两排,嘴里牙齿的形状和大小不一样,牙齿是白白的。

3. 组织幼儿讨论:牙齿有什么用?

(1)鼓励幼儿根据自己已有的知识经验,大胆地参与讲述活动。通过讨论使幼儿知道牙齿可以帮助我们将大块的食物嚼碎变成小块的食物。

(2)启发幼儿想一想:牙齿除了可以帮助我们吃食物,还有什么作用呢?

教师请小朋友先试一试发"四"这个音,让幼儿感受到,如果没有牙齿不能发出"四",再试一试发"师""自己"等音,没有牙齿行吗?

(3)小结:牙齿还可以帮助我们讲话,帮助我们发准音。

(4)组织幼儿讨论:怎样保护自己的牙齿呢?

教师小结:每天早晚要漱口、刷牙。睡觉前,不吃零食、少吃甜食和坚硬的食物。

4. 引导幼儿观察幼儿用书——《我的牙齿用处大》。

(1)请小朋友说说:画面上哪个小朋友牙齿好?哪个小朋友牙齿不好?让幼儿指一指,并认一认汉字:好、不好。

(2)观察画面中刷牙的小朋友,说说:他们是怎样刷牙的?

教师念《刷牙歌》,并带领幼儿念一念,帮助幼儿学会正确的刷牙方法。

四、活动总结

每个人都有牙齿,都知道牙齿的作用,但是有些人往往就是不懂得保护自己的牙齿,我发现我们班很多孩子牙齿都坏了,而且我还了解到有些孩子早上起床没有刷牙的习惯以及刷牙的方法不对,于是通过这次活动,让幼儿了解到怎样保护牙齿的常识,掌握正确的刷牙方法。

由于幼儿的思维还是形象思维为主,要让幼儿真正的掌握正确的刷牙方法,要用较形象的物体展示在他们的面前,让他们通过动手操作探索正确的刷牙方法。这样更能引起他们的注意以达到让幼儿产生主动求知的欲望,也可培养自己动手动脑的能力。

第二节 语言领域微型课案例

《我的照片》(中班)

一、活动目标

1. 能运用连贯、完整、富有一定故事情节的语言讲述照片的内容。
2. 感受照片所表现内容的多样性。
3. 体验与人交流的快乐。

二、活动准备

1. 教师准备的照片：示范讲述的照片、孩子在幼儿园活动中拍的照片、三张有益于幼儿经验拓展的照片（智慧树剧照、全家福照片、刘翔比赛的照片）。

2. 幼儿准备自己的照片 2~3 张，课前请家长和孩子共同交流、回忆有关照片的内容。

3. 为了提高幼儿讲述的兴趣，布置照片展览会，为幼儿创设想讲、愿意讲的环境氛围，使幼儿在有声有色的讲述过程中身临其境，受到感染与教育。

4. 自制一本相册。

5. 实物展示仪。

三、活动过程

1. 创设情景，组织幼儿参观照片，相互交流照片的内容。

（1）提出参观的要求："参观的时候，请你找一找哪张照片是你的，和好朋友讲一讲你的照片上有谁，是在什么地方拍的，当时你的心情怎么样。"

（2）幼儿参观，同伴间互相讲述，教师了解幼儿讲述的大致情况，给予个别幼儿恰当的指导。

2. 教师示范讲述自己照片的故事。

（1）教师示范讲述：我的照片的故事。

老师："这是我和我的孩子在泰山旅游时拍的一张照片。放假的时候，我和我的孩子来到了泰山，泰山是一座很高的山，我们沿着台阶向上爬，一路上看到了高高的树、绿绿的草和五颜六色的花，最有趣的是山上的石头，有的像小猴子，有的像老虎，有的像大象，真是好玩极了！我们爬了好长时间，终于爬到山顶了。我们高兴地说：'我们爬到山顶了，我们胜利了！'"

（2）通过提问，帮助幼儿理解讲述的要点以及讲述的条理性和完整性。

"我的故事里有谁？我和我的孩子在什么时候去了什么地方？我们看到里什么？说了什么？心里觉得怎么样？"

（3）教师启发、引导幼儿用连贯、完整的语言讲述各类照片，感受照片所表现的不同内容，体验大胆讲述、与人交流的快乐。

3. 个别讲述自己照片的故事。

老师："谁愿意去选一张自己的照片，将照片的故事讲给大家听？"

幼儿一："这是我在奶奶家拍的一张照片。秋天到了，奶奶家里收获了许多花生，我和爸爸帮奶奶晒花生，奶奶要剥花生给我吃，我说：'奶奶，我帮你剥。'我剥不动就用牙齿去咬，爸爸就用照相机咔嚓一下把我用牙齿咬花生的样子给照下来了。"

幼儿二："这是我过五岁生日时我妈妈带我到小天使影楼拍的一张照片，我特别喜欢奥特曼，就拉着妈妈跟奥特曼一起拍照片留作纪念，我大声喊：'打败怪兽。'妈妈祝我生日快乐！后来，妈妈就去深圳打工了，我很想妈妈……"

孩子争先恐后地讲述自己照片的故事,故事内容真实、有趣、完整。

4. 讲述幼儿在幼儿园活动中拍的照片的故事。(教师为幼儿准备了他们在幼儿园各项活动中拍摄的照片,如春游、运动会、六一团体操表演等,孩子们都能快乐地用完整、连贯的语言讲述,而且讲述内容生动、有趣,因为这些都是孩子记忆中印象深刻的情景。)

经验迁移,讲述他人照片的故事。

(1) 少儿频道智慧树节目的剧照。

(2) 全家福照片。(一家人团聚在一起非常开心、快乐、幸福!拍张全家福作为留念……)

(3) 刘翔比赛的照片。(刘翔哥哥在参加跨栏比赛,他跑步的速度非常快,像飞一样,获得了世界冠军……)

5. 自选照片,再次与同伴与交流、分享照片的故事。

6. 分类整理,制作班级相册,共享照片的故事。

(1) 引导幼儿为照片归类、整理。

(2) "每一张照片不仅可以讲述一个好听的故事,还可以帮助我们记住一件事情,每一张照片都很珍贵,我们应该将它保存好。"请幼儿按照片拍摄的地点归类、整理。

制作班级相册,分享活动的快乐。

老师:"这些照片装在一起,给它加个封面就做成一本相册了,这是我们的班级相册,我们还会有更多的照片存放在里面,我们还要继续讲照片的故事。"

7. 活动延伸:继续收集照片,让幼儿在区域活动中自由讲述。

四、活动小结

正是因为此次活动的选材直接来源于孩子的生活,照片的内容是孩子熟悉的、亲身经历的,适合于幼儿的讲述活动,所以在整个活动中孩子们表现得非常积极和投入,师幼互动也非常激烈、有效。幼儿天生具有良好的模仿性,语言活动中示范模仿法也十分重要,老师的示范讲述引起了幼儿浓厚的讲述兴趣,还让幼儿感受和理解了故事的要素和结构,幼儿在讲述过程中能潜移默化地运用。在这里我不只是单纯运用教师的示范,更重要的是幼儿的示范,因为作为身边的小伙伴的示范更能让幼儿接受。借助同伴的示范讲述进一步开阔了幼儿的思路,让幼儿在模仿的基础上有所发展。根据《纲要》的要求"创设一个自由、宽松的语言交往环境,支持鼓励吸引幼儿与教师、同伴或其他人交流的乐趣",活动一开始我将幼儿带来的照片布置展览出来,为幼儿创设丰富的物质环境,给了幼儿充分讲述、与同伴交流的自由,使他们快乐的情绪得到宣泄,满足了幼儿的兴趣和需要。发展语言的关键是创设能使幼儿想说、敢说、喜欢说、有机会说并能得到积极应答的环境,同时幼儿语言的发展与其情感、经验、思维、社会交往能力等其他方面的发展密切相关。活动中生生互动、师生互动,充分体现了"语言是在运用的过程中发展起来的",使每一个孩子都有"说"的机会。在分类整理的过程中,促进了幼儿社会性的发展,帮助幼儿展示和保存活动成果,孩子共享的快乐体验为此次活动画上了圆满的句号。延伸活动将照片丰富到语言区便于幼儿随时讲述,照片的故事依然继续。

第三节 社会领域微型课案例

《小门票,大秘密》(大班)

一、活动目标

1. 认知:初步观察了解常见景区门票的结构、用途。
2. 能力:发展幼儿观察能力、逻辑思维能力和发散迁移能力。
3. 情感:了解祖国的大好河山,萌发爱祖国的情感。

二、活动准备

1. 幼儿有区角游戏的经验。
2. 幼儿自带门票。
3. 课件:长城、故宫、剑门关等门票;旅游流程图;检票视频。

三、活动过程

1. 谈话导入,引导幼儿认识门票的用途。

师:国庆长假,很多小朋友都外出旅游了,还带回了不同景区的门票。在哪些地方会使用到门票?

请个别幼儿讲述。与同伴交流分享自己带的门票是在哪里用过的?

提问:如果没有门票,会发生什么事?

教师总结门票的重要作用:门票是进入景区、公园、游乐园等旅游场所的通行证,是付钱的凭证,也可以留作纪念。

2. 引导幼儿观察门票,了解门票上的信息。

师:一张小小的门票,藏着许许多多的奥秘。

(1) 出示课件(一)——剑门关门票正面。请幼儿观察并说出门票正面的主要信息,了解其作用。

提问:你能看出这是哪里?你还看到了什么?

图片:具有宣传作用,让我们看到景区最美的景点。

文字:大的文字是景区的名字,就像每个小朋友都有自己的名字一样。

价格:注明到这个景区旅游需要多少钱。

(2) 出示课件(二),了解每张门票上都有图片、文字和价格这些共同要素。

观看视频,了解副券的重要作用。

提问:什么是副券?撕下副券或打了孔的门票还能用吗?

教师直接介绍:副券是用来检票的,只能由检票员当面撕下副券,你才能进入,如果自己撕下或弄破了副券,门票就作废了。撕下副券和打了孔的门票不能再次使用。

（3）出示课件（三）——剑门关门票背面。进一步观察了解门票上更多的信息。

提问：你有什么新发现？谁还发现了不一样的秘密？

条形码：能自动检票，非常方便。

游览线路图：标注景点位置，就像我们请的免费导游。

游客须知：提醒游客爱护景区的公物，不乱扔垃圾，注意安全等。

服务热线：旅游时遇到紧急情况可以拨打电话寻求帮助。

（4）教师总结：门票既是景区的名片，也是一张知识卡片，门票上的秘密能给我们的旅游带来很多的帮助。

3. 区角活动：剑门关一日游，巩固对门票信息的理解和运用。

（1）教师引导幼儿熟悉规则。

提问：我们剑门关是全国著名的5A级旅游景区，都有哪些好玩的景点呢？旅游前，我们要做什么？

出示课件，巩固旅游流程。

现在我们就一起去游览天下第一雄关——剑门关！

（2）幼儿区角游戏，教师观察指导。

四、活动小结

旅游是孩子们很喜欢的活动，在本次活动中，小朋友根据自己的生活经验能说出很多去过的地方，而且兴趣高涨，在后面的游戏环节也很投入，很多有旅游经验的孩子还会热心帮助没有旅游体验的同伴，带好朋友玩。但是第一个环节孩子们交流分享时，更多的说自己在哪里玩了什么好玩的，沉浸游玩的氛围中，分享时间较长。不过课件的运用把孩子们的注意力拉回了主题，老师用神秘的口吻说"小小的门票上可有大大的秘密哟，认真观察的宝贝就会发现"，让幼儿在观察自己家乡剑门关门票时更专注，并且结合熟悉的场景，较好地完成了活动目标。

第四节　科学领域微型课案例

《听声音数糖》（中班）

一、活动目标

1. 通过游戏提高幼儿对数的实际意义的认识，知道最后一个数词代表集合的总数。

2. 通过"听声音"默数10以内的数，并能找出相应的数字，尝试了解"多一"或"少一"的数概念。

3. 鼓励幼儿积极、大胆地参与游戏活动。

二、活动准备

材料准备：板板6～8块，上面写有数字；糖罐子一只（最好是铁罐）；糖果若干。

经验准备：在此次活动前孩子们要知道什么是默数，并有过练习作为基础。

三、活动过程

1. 环节一

今天老师带来了一个糖罐和许多糖果，我们一起来玩"听声音数糖果"的游戏。小朋友分成两组：南南组和西西组，我们要比比看哪组的孩子最棒。

小朋友必须用手蒙住眼睛，竖起耳朵仔细听，老师往糖罐里放了几颗糖，听完后不能马上说出答案，待老师请到才能站起来大声告诉大家。（听到放进的是几颗糖，并要及时验证。）

游戏规则：

（1）一定要蒙住眼睛，不能看的哦。

（2）听完后不能马上说出答案，待老师请到后才能站起来大声回答。

此游戏主要是让孩子熟悉游戏玩法和规则，学习默数，并在游戏中通过检验，反复感知和理解最后一个数词是代表一个集合的总数。

2. 环节二

今天老师还带来了许多的板板，上面有数字哦，我们一起来看看是几呀？

（老师一边放板板，一边让孩子认板板上的数字。）

师：这次游戏和刚才的不一样了，小朋友蒙住眼睛，竖起耳朵仔细听听，老师往糖罐里放了几颗糖果？听完后不能马上说出答案，等老师说开始，小朋友就去踩有这个数字的板板。

游戏规则：

（1）一定要蒙住眼睛，不能看的。

（2）老师说"开始"，幼儿才能离开座位去踩板板。

（3）踩板板时不能拥挤，用脚碰到就可以了。

默数是中班上期孩子不常用的数数方法，但因为其具有"神秘性"，所以幼儿非常喜欢这样的方式。听完数字后不能马上报出答案，而是要捂住嘴巴等到命令后才能去踩相应数字的板板，小小的一个动作既帮助幼儿遵守游戏规则，又让他们沉浸在游戏情节中。

3. 环节三

接下来我们再来玩一个更加有难度的游戏，也要竖起耳朵仔细听，老师往糖罐里扔了几颗糖，听完后等老师说开始，小朋友要跑到比这个数字多一的板板上，站对的孩子老师要来抱一抱她哦。还有好吃的糖果奖励。

也可以用同样的方法玩"少一"的游戏。

游戏规则：

(1) 一定要蒙住眼睛,不能看的,用耳朵仔细听声音。
(2) 老师说"开始",小朋友才能离开座位去踩板板。

四、活动总结

这则数游戏活动我非常喜欢,其一是游戏中教师所需准备的教具简洁且便于操作;其二是规则简单,便于教师交代清楚,同时也能让幼儿理解,在游戏中遵守规则;其三是整个活动层层递进,第一种玩法让孩子熟悉了规则和玩法,第二种玩法让孩子进一步理解数字的实际意义,第三种玩法中让孩子尝试体验"多一"或"少一"的概念。幼儿在游戏中练习了默数、手口一致点数、尝试理解"多一"或"少一"的数概念等。整个活动贯穿着"形式不变内容变"的设计原则,让幼儿反复练习却不感到枯燥乏味。

整个活动实施过程中教师一定要交代清楚游戏规则,游戏后要有验证环节,因为验证就是手口一致点数的过程,也便于让幼儿进一步理解和体验数数时最后一个数词代表集合的总数这一数概念。

第五节 艺术领域微型课案例

《圆点宝宝的旅行》(中班)

一、活动目标

1. 探索出连点成线的多种可能方法。
2. 运用连点成线的技能绘制具有不规则、美感和个性的作品。
3. 围绕自己的作品展开自由联想和想象,并能用简短的语言表述出来。

二、活动准备

1. 调色盘,各色颜料,棉签,大小不一的黑色卡纸,擦手布。
2. 音乐:《一号圆点舞曲》《升C小调幻想即兴曲》《小提琴涂色奏鸣曲》。

三、活动过程

1. 活动导入:游戏《连连看》

"小朋友小朋友连连看",可一个、几个、多个幼儿用身体的某个部位相互接触,让幼儿初步感知连接的方法是多样的。

2. 感知探索

圆点宝宝找朋友——画点、连线。

指导语:你们来到这里和老师一起游戏,还有一群圆点宝宝也忍不住想探出圆溜溜的脑袋来看热闹了,瞧,他们来啦!(教师在纸上快速用白色颜料画出几个圆点)

(1) 个别尝试(请3~4个幼儿同时进行)

指导语:圆点宝宝也想和你们玩找朋友的游戏,谁能帮他找到自己的朋友?(请

几名幼儿尝试)

(2) 探索多种连线法

指导语:你觉得这个圆点宝宝的朋友会是谁,请你将他们连起来吧!他们的朋友可能会很多很多,还有谁可能是他的朋友,帮他们把几个好朋友连在一起吧!她刚刚是用直线连的,谁能用不一样的线连一连?

女宝宝是用温柔的短线连接的,有没有更有力量的男宝宝可以试一试用其他线条,让圆点宝宝与远一点的好朋友连起来?(提示:线与线之间,可以有交叉,引导幼儿用不同长短的直线和曲线将点与点之间连接起来,形成封闭的图形。)

3. 尝试表达

(1) 幼儿作画(播放《一号圆点舞曲》,幼儿画点、连线)

指导语:大家都来试一试,先在纸上画一些圆点宝宝,然后用直线或者曲线把他们连起来。这有小、中、大三种不同大小的纸,也可以选择一个人独立完成,或者和几个好朋友一起合作完成,我们约定,当音乐停止的时候,就回到老师这里来。

(幼儿作画,老师巡回观察指导;选择具有典型代表的作品,引导幼儿观察。)

(2) 激发兴趣

指导语:圆点宝宝和线宝宝做了一次愉快的旅行,他们还手拉手去参加舞会。可是,他们这黑黑的地毯不够漂亮,你们想想办法变出彩色的地毯,他们就会跳得更开心了。

(3) 自由涂色(播放《升C小调幻想即兴》《小提琴涂色奏鸣曲》)

指导语:每一种颜料宝宝都有自己的家,一个棉签蘸一种颜料,用过的棉签放回相同颜色宝宝的家里。如果想换颜色就请更换一个棉签。

教师采用暗示、点拨的方法进行指导。

4. 想象与欣赏

指导语:看,圆点宝宝和线宝宝跳着优美的舞蹈,变出了一幅美丽的图画,我们来猜猜看,这幅图画像什么?

老师带幼儿到稍微远一点的地方去欣赏、想象,引导幼儿大胆说出自己的想法,适时给予肯定和赞赏。

四、活动总结

本次活动利用幼儿喜欢的游戏活动形式,幼儿轻松、愉快地完成了一幅幅美丽,富有创意的艺术作品,既培养了幼儿的初步绘画技能,又能激发幼儿奇思妙想。活动中还组织幼儿交流、表达,分享每个幼儿成功的快乐,愉悦了身心,达到了很好的艺术教育效果。

课后练习

1. 简述微型课教案的基本结构。
2. 简述微型课教案与说课稿的主要区别。
3. 在幼儿园"五大领域"中,各选择一个主题,撰写出它们的微型课教案。

下篇

模拟授课

第七章

模拟授课概述

1. 了解模拟授课的概念、特点及类型。
2. 知道模拟授课的基本结构。
3. 熟悉模拟授课的一般要求及评价标准。
4. 理解教师资格证考试面试流程及评分标准。

第一节 模拟授课的界定

模拟授课,是近年来国内教育领域兴起的一种教研活动。模拟授课顾名思义,就是在没有儿童的环境下,幼儿教师模拟实际教学情景,在不超过15分钟的时间内,通过口语表达、体态语言和其他教学技能与组织形式的展示,按照预先设计的教学方案完成教学任务的一个过程。模拟授课是一种全新的教学形式,基于其较强的针对性、实战性和易操作性,以及教学实施的低成本等特点,很快就在幼儿教师招聘以及各种幼儿教师技能比赛领域里占有一席之地。

"模拟授课"也称之为"无儿童的上课",就是讲课老师模拟授课的情景,把一堂课教学中的主要过程在没有儿童的情况下用自己的语言把它描述出来。它是一种将个人备课、教学研究与上课实践有机结合在一起的教学活动。不仅突出教学活动中的主要矛盾和本质特征,同时又能摒弃次要的非本质因素,使教学研究的对象从客观实体中直接抽象出来,一般有情境创设、新知探究、小结作业等程序,不必追求课堂教学环节的完整性,具有省时高效的特点。

一、模拟授课与"说课"的区别

如果是说课是一场"讲座"的话,它既有满腹经纶的议论,也有精彩绝伦的演绎,那

么模拟授课就是一场"话剧"。有波澜起伏的情节,也有绘声绘色的对话,只不过话剧的演员只有执教者本人,即教师本人自编、自导、自演。

说课通常要说教材的内容、地位、教学目标、重难点、教学流程等。它不仅要说出"怎样教",还要说清"为什么这样教"。要让听者不仅要知其然,还要知其所以然,比较侧重理性层面的思考。

模拟授课则是说课的延伸和补充,选取说课中教学流程主要部分把它具体化。把教材的内容、地位、教学目标、重难点等通过模拟授课表现出来,更侧重于实践性和操作性。主要是围绕教学内容中的某一、二个问题模拟实际教学,一般时长在10~15分钟。

二、模拟授课与微型课的区别

1. 时长不同

模拟授课时长一般在10分钟左右,最多不超过15分钟(江苏省师范生教学基本功大赛模拟授课10分钟,答辩5分钟);微型课时长在20分钟左右,最多不超过25分钟。

2. 流程不同

模拟授课的主要流程是揭示课题和新知探究,不要求授课环节的完整性。对于次要环节如果要陈述,也是一带而过。微型课主要流程与正式上课流程基本相同。不仅要求环节完整,而且对于教学活动安排、师幼交流、幼幼互动、结果评价都要呈现,对于每一项教学活动的任务、要求、目的都要说明清楚。

三、模拟授课与真实上课的区别

1. 对象不同

模拟授课是在面试过程中由专家评委评判应试者所教授的内容是否合适,同时观察、研究应试者的一举一动,诊断应试者讲课的好坏,对应试者面试成功与否做出评判,决定应试者是否可以被录用,这样的情形会使应试者产生无形的压力。

常规课堂教学的对象是幼儿园儿童,教师心理上有一定优势,不会形成较大压力,同时师幼配合比较默契,教学内容有一定的连贯性,幼儿有一定预期心理。

2. 目的不同

常规课堂教学是循序渐进的,达到教学目标是最终目的。教师讲课的成败,不是通过单独的10分钟,或者一二节课的考查来评判的,而是通过长期的时间来实现的。如做幼儿思想工作、端正幼儿的学习态度、传授幼儿学习方法等,都需要一定时间的铺垫。而模拟授课是以教学内容与环境为展示的载体,不能脱离教学环节,必须达到一定教学效果,但最终的目的是表现出自己拥有成为一名优秀教师的潜力,尽量利用有限的时间把自己最优秀的一面展示出来,让评委赏识你,并最终录用你或者认可你。

3. 教学内容安排不同

面试时,模拟授课展示自己才华的时间是非常短暂的,这个时间值是不确定的,有长有短,有时仅仅为几分钟,或是不经意间的动作或眼神。应试者要让评委能认真听你继续讲下去,继续保留一种期待,甚至听出兴趣,你必须在每一时间段都高质量地展示自己的才华。此外,教学内容的安排不能贪大求全,不能坚持将每个相关知识点的来龙去脉都讲清楚,要学会截取一个相对独立的侧面。而常规课堂教学的时间一般是固定的,教师最重要的不是展示自己的才华,而是将自己的知识和技能传授给幼儿,重点在于增长幼儿知识,启迪幼儿思维,学会求知方法,在具体讲解过程中,也要注意区分详略。

4. 组织教学不同

模拟授课与一般课堂在教学设计上是相同的,如确定教学内容、教学目标、教学方法及教学过程等。在教学过程中,目光的组织与交流作用、形体语言对于教师思想的传递与延伸同样存在。但最根本的差异是模拟授课最终目的是实现应试者的选拔。同样这种差异在教学中主要有以下几个方面。

(1) 组织重要性差异

一般课堂教学是师幼在长期教学过程中通过师幼互动逐渐相互了解并形成一定的思维习惯而进行的日常教学。而模拟授课是师幼之间缺乏充分的了解和相互之间的情感支持,除了需要讲课内容引人入胜外,应该特别注重组织教学。在组织教学的过程中,兼顾到下面听课评委的感受,观察他们的情绪反应,以及时调整教学。

(2) 组织艺术差异

在常规教学中,教师的目光是直视幼儿眼睛的,是一种"无声"的教学语言。而模拟授课时,台下都是评委,应试者的目光切记不能咄咄逼人,这样会直接影响应试者在评委心中的形象。应该短暂扫过对方眼睛和嘴之间的部分,以体现出对对方的尊重和关注。

(3) 组织形式差异

常规教学的组织形式多种多样,如启发法、讨论法、探究法等运用得非常多,教学效果也非常好,但非常占时间,并且有的需要几节课的支持与协同,才能完成。而对于模拟授课的应试者,时间是有限的,这些方法在试讲过程中应适当地节制,避免出现尴尬场面。

第二节 模拟授课的类型与基本结构

一、模拟授课的类型

模拟授课的类型一般有两种形式:面试模拟授课、能力测试模拟授课。

面试模拟授课是人事部门、教育单位在招聘教师面试过程中经常采用的环节,一般由相关单位负责人组织实施,有的教研室主任也参与面试工作。教师是特殊职业,仅仅

通过简历是无法判断、识别应聘者的真实能力的。一般情况下,应聘组织部门都会组织面试与试讲,往往是几轮下来,一个一个遴选甄别。面试模拟授课主要是初步考察应聘者是否具有教师岗位所需要的基本素养和基本技能,起到初选作用。通常并不讲授完整一节课,一般10~15分钟即可。试讲通常采用即兴命题形式,考查应聘者对某课程的驾驭能力。

能力测试模拟授课一般在学校内进行,主要目的是对在职教师或幼师生的一种能力培养与提升。通常有两种方式:一种是指定课程、指定章节的命题模拟授课;一种是指定课程、不指定章节的自由模拟授课。

二、模拟授课的基本结构

1. 准备时间

模拟授课要求时长一般不超15分钟,而模拟授课前准备的时间是必需充分的。通常面试准备时间一个小时,在无网络、无参考资料的前提下进行,选手主要是熟悉教材、编写教案、尝试试讲、进一步完善等主要环节。江苏省师范生教学基本功大赛模拟授课比赛中,选手准备时间1个小时,要求在无网络、无参考资料的基础上,完成教案编写,模拟授课比赛时间10分钟。专家提问5分钟。准备阶段选手主要做的有:

(1) 初读教材,熟悉内容

因为面试只有课题与教学内容,这是你手头最有价值的资料。一般无网络、无参考资料。如果需要制作课件,组委会会提供电子素材包。

(2) 精心备课,撰写教案

在确定了教学目标、教学重点与难点以后,主要任务是设计出各个主要授课环节的内容,以及授课的导入语、过渡语和结束语。

(3) 尝试试讲,修改完善

教案编写完毕后,要留有足够的时间进行试讲。在试讲中发现问题,及时调整不恰当的步骤或对个别环节进一步修改完善。

2. 上课时间

在实际比赛过程中,经常会发生这样的情况:有的选手已经快到比赛结束时间,然而还有精彩内容没有呈现出来;有的学生离比赛结束还有几分钟,可是教学内容早早就讲完了,一下子会变得无所适从。究其原因,大多是在教学准备阶段没有合理安排教学时间,科学安排教学活动时间的意识不强。

日常授课一般来说包括:创设情景,导入新课;合作探究,感悟新知;角色扮演,游戏体验;总结拓展,活动延伸等几个环节,结合比赛的具体特点,可以将上面四个环节缩减为:情境导入、探索新知和总结拓展三个方面。以10分钟为例。

(1) 情境导入(开课):1分钟左右

由于比赛的特殊性,导入不宜迂回曲折,最好简明扼要,开门见山。以1分钟左右为宜。

(2) 探索新知(课中):8分钟左右

新授是模拟授课环节的主体,在这个环节应该会花费最多的时间,以7~8分钟为宜。利用这宝贵的8分钟左右的时间突出重点,化解难点,实现教学目标。这8分钟的教学活动,幼儿是教学活动的主体,教师是教学活动的引导者、合作者和组织者。根据黄金分割的规律,幼儿教师的活动可以安排$8×0.618=4.994$(分钟),也就是说幼儿教师活动以5分钟左右为宜,幼儿活动以3分钟左右为宜。由于比赛的特殊性,教师活动时间可以适当延长至6分钟左右,幼儿活动时间可以缩短为2分钟左右。

(3) 总结拓展(结课):1分钟左右

最后的收尾环节宜干净利落,不可拖泥带水,以1分钟左右为宜。

第三节 模拟授课的基本要求

一、设计新颖

模拟授课是在幼教改革背景下诞生的,必须要体现新的理念、新的教法和新的课改举措。特别是在幼师生教学技能竞赛中,同一课题只有新中更颖,才可能达到出奇制胜,脱颖而出的效果,得到评委们较高的评价。切忌面面俱到,蜻蜓点水。

二、层次清晰

由于模拟授课少了幼儿的互动,一个环节与另一个环节之间所用的时间大大减少了,留给评委们思考的时间也随之减少,所以要有清晰的教学思路。情境创设需要直观明了,问题指向要聚焦突出,几个主要问题的解决过程要讲求实效。最好能清楚地展现预设如何做,可能出现各种不同的学情,巧妙地抓学情进行教学,生动真实地模拟讲课,重点要突出,理念要先进,观点要正确,方法要有效。

三、有效互动

通过对幼儿的回答进行复述的形式向评委传递课堂信息,以达到"有效"互动的目的。这个过程经常采用的关联语句如:

"正如刚才小朋友们说的那样,我们知道了……"

"这位小朋友的看法是……"

通过对幼儿的回答进行巧妙的评价,也能直接地向评委传递课堂信息,以达到"有效"互动的目的。这个环节通常采用的关联语句,如:

"对呀,我们知道了……"

"这位小朋友的方法很好,他采用的……"

"真了不起！这位小朋友居然……"

通过对幼儿的众多的回答进行归纳总结，也可以向评委传递课堂信息，以达到"有效"互动的目的，这里一般采用的关联语句，如：

"刚才小朋友们讨论得非常热烈，有的……有的……"

"刚才大家发言很热烈，有的……有的……"

四、激情自信

模拟授课时，老师一上讲台就要有充分的自信，给别人的第一感觉是这个老师精神状态不错。然后你开始像正常上课那样进行，话不一定要多，但是每句话、每个字都要说得清楚响亮、张弛有度，而且最好要有停顿和变化。尽量避免出现无意义的行为或胆怯的表现，而且不要有过多的口头禅。

课堂的生命是什么？是幼儿参与学习活动的热情，也是幼儿园教师投身课堂教学的激情。在模拟课堂上，如果教师没有一点感情，说话声音很轻，语调平平淡淡，似乎是催眠曲，又怎么能调动幼儿学习活动的情趣，沉闷而又呆板的课堂又怎能会有高质量的教学效果呢？

第四节　模拟授课的评价标准

所有应试者都会面临一个共同的问题，即如何在有限的时间内，充分展示自己的长处，尽量隐藏自己的短板，从而获得评委的好评。评委在进行考查时，注重的是应试者的朝气、能力以及潜质。评委是代表用人单位的，在考查时，设计的考查表可能各不相同，但考查的重点都是教学基本功，一般包括语言表达、教学内容、教学方法、个人才艺等几个方面。

一、语言表达

语言表达主要是指口语的表达艺术和形体语言的表达技巧。口语表达能力的基本要求是口齿清楚、语言流畅、音量适中、用语规范，有一定的启发性、生动性和科学性。形体语言的基本要求是自然大方、目光亲切、表情自然、手势恰当，并表现出激情、热忱和感情。

二、教学内容

教学内容主要包括内容的教育性，内容的科学性、条理性和可操作性，难点和重点问题的把握与分析，提问的技巧以及教学方法的选择等。内容要全面、完整、无疏漏，同时突出重点、难点及关键点；内容的学习安排要由浅入深、由表及里，符合幼儿的认知特点和学习习惯；教学手段要多样化，恰当使用类比、归纳、图解、演示、举例及提问等方法。

三、教学方法

教学方法的基本要求是灵活多变、全方位展示。比如幼儿认字学习,要音、形、义相结合,通过列举对比、造句运用等手段强化这个字的形旁与义旁。倘若使用多媒体,则要对课件精益求精,充分考虑到试讲的特点,不能喧宾夺主,过多占用教学时间。

四、个人才艺

在模拟授课比赛中,也伴随着个人才艺的表演与展示,通常个人才艺展示项目有板书、即兴幼儿歌曲弹唱、即兴幼儿舞蹈表演、即兴幼儿故事表演、环境布置设计等。在一次模拟授课中个人才艺表演,一般包括上述项目内容的2~3项即可。

板书的基本要求为:① 字迹清楚、工整、漂亮,颜色搭配得当,无错别字。② 不同级别的标题在黑板上应有不同的存留时间和合理的位置安排。③ 标题和内容的位置布局恰当,适时擦掉说明性内容,始终在黑板上表达出清晰的教学脉络。

即兴幼儿歌曲弹唱考核内容是在规定曲目中,任意抽取一首完成弹唱。考核要求为:① 歌曲演唱完整流畅,节奏、音准及歌词准确,声音明亮、自然,气息流畅,咬字吐字清晰。② 伴奏音型、和弦配置合理,调式调性准确。③ 旋律弹唱整体视听效果好。

即兴幼儿舞蹈表演考核内容是在规定儿童舞蹈曲目中,任意抽取一支完成。考核要求为:① 幼儿舞蹈特征鲜明,富有童真、童趣。② 主题健康向上,形象捕捉准确、生动。③ 创编构思与音乐相符,舞蹈整体编排具有合理性、流畅性和完整性。④ 有较强的艺术感染力,富有艺术表现能力。⑤ 想象力丰富,有创新性、独特性。⑥ 能够准确把握乐曲的风格、类型及节奏,动作衔接流畅,表演及动作和谐统一。

即兴儿童故事表演考核内容是在规定的幼儿故事中,任意抽取一个完成即兴表演。考核要求为:① 讲述结构完整,主题贴切、鲜明。② 旁白与角色语气分明,根据角色运用声音;语调有起伏,生动、自然、有童趣。③ 善于运用表情、动作传递真情实感,感染听众。④ 发音准确,口齿清晰,句子结构合乎语法规范,表达流畅。

环境布置设计考核内容是在规定时间内完成主题设计图的绘制,并针对设计图做文字阐述,文字方案中包括设计理念、所用材料、布置人、布置地点、布置过程以及其他和设计图相关内容。考核要求为:① 构思设计:能反映活动主题要求,与周围墙面协调。② 画面构成:构图画面生动,主次分明;色彩能表现主题,有主调,符合幼儿审美;造型形象生动,有童趣。③ 文字说明:创设过程能展示幼儿的学习过程与活动展开的过程;能说明所用材料与制作方法。

幼师生说课、微型课与模拟授课技能训练

第五节 幼儿园教师资格证书面试流程及评分标准

教师资格笔试通过以后,接下来的时间幼师生都应该摩拳擦掌准备面试了。为了更好地做好面试工作,确保面试能顺利过关,必须要了解幼儿园教师资格证的面试流程、注意事项以及评分标准。

一、面试流程

对于即将参加教师资格面试的幼师生来说,了解考试流程应该是面试备考的首要环节,而且幼儿园类别的考试流程与中小学类别的并不完全相同,大家应有所准备。

1. 抽签确定考试顺序

考生持身份证、面试准考证按时到达考点后,先找到候考室,监考老师会安排考生排队依次抽签。这一次抽取的只是序号签,一般五人一组同时到抽题室备课,所以如果抽到比较靠后的序号,可能会等待较长时间。

2. 抽题备课

到达抽题室后,登录面试测评软件系统,计算机从题库中随机抽取试题,考生从抽取的2道试题中任选1道,经考生确认后,计算机打印试题清单。

考生持试题清单、备课纸进入备课室,撰写教案,准备时间为20分钟。

3. 面试

(1)回答规定的结构化问题。考生进入指定面试室,考官从题库中随机抽取2个规定问题,考生回答,时间5分钟。

(2)试讲(模拟授课)。考生按照所抽试题内容和要求以及准备情况,进行试讲(模拟授课),时间10分钟。

(3)答辩。考官围绕考生试讲(模拟授课)内容和测试项目进行提问,考生答辩,时间5分钟。

二、面试注意事项

1. 仪表仪态

面试不同于笔试,考官对考生外在表现的印象也会在一定程度上影响最终得分。仪表仪态往往是留下第一印象最重要的方面。考生从面试室外推门进入考场的一刹那,考官就会建立对他(她)的整体印象。所以面试穿衣还是有讲究的,要正式中透露大方和得体,不要过于呆板,最主要就是穿出自信。除了衣着之外,精神状态往往更为重要。一个好的幼儿园老师应该是充满活力、有朝气、有感染力的。所以从推门进入考场开始就要向考官展示自信、亲切的笑容。

另外,作为考生,你的举手投足都被考官清清楚楚地看在眼里,谦虚的问候礼仪、得体的教姿教态都会给考官留下很好的印象。

2. 活动设计

考官一直听考生的试讲(模拟授课),难免会疲劳。所以我们在活动设计过程中要尽量加入一些能够吸引考官眼球的亮点。例如,在导入环节设置比较活泼生动的内容,如手指谣、儿歌导入等;在展开部分设置与幼儿的互动,把考官当成幼儿,虽然考官不会有所回应,但是目光的交流也会给我们加分;在结束环节,要适当挖掘整个活动的深层意义,说出活动主旨、升华主题。

三、面试评分标准

表 7-1 面试评分标准

序号	测试项目	权重	分值	评分标准
一	职业认知	10	5	爱幼儿,尊重幼儿
			5	有热情,有责任心
二	心理素质	10	5	能较好地调控情绪与情感
			5	开朗、乐观、善良
三	仪表仪态	10	6	五官端正,行为举止自然大方,有礼貌
			4	服饰得体,符合幼儿教师职业特点
四	交流沟通	15	8	有较好的言语表达能力。普通话标准,口齿清楚,表达流畅,语速适当,有感染力
			7	善于倾听、交流,有亲和力
五	思维品质	15	8	能条理清晰地分析思考问题
			7	有一定的应变能力,在活动设计与实施、环境创设上表现出一定新意
六	了解幼儿	10	5	有了解幼儿兴趣、需要、已有经验和个体差异的意识
			5	能通过观察来了解幼儿
七	技能技巧	20	10	熟悉一些幼儿喜欢的游戏和故事
			10	具有弹、唱、画、跳、讲故事、手工制作等基本技能
八	评价与反思	10	5	能对教育活动和教育行为进行较客观的评价
			5	能根据评价结果提出改进意见

说明:(1) 考官会从八大维度对考生进行测评,幼儿园与中小学标准出入较大,中小学的评分标准考核内容一致,但是分值不同。幼儿园更加重视技能的考察、中学更加注重教学实施是否得当。

(2) 中小幼共同考察的包括三个维度:职业认知、心理素质、仪表仪态。这三个方

面其实主要是看各位考生的外在表现,仪表仪态是否大方得体。要求考生穿着大方,符合教师的气质,心理素质良好,举手投足间展现出年轻教师的风采。

(3)测评标准中"言语表达和思维品质"(幼儿称之为交流沟通和思维品质)这两项,主要通过结构化问答和最后的答辩环节来进行考察,要求各位考生能够言语表达流畅、有逻辑性、有条理性,面对问题能够全面地分析,抓住重点快速反应。

(4)最后三大方面"了解幼儿、技能技巧、评价与反思"主要是通过各位考生的试讲环节来进行考察。在教学设计方面,要求各位考生从幼儿身心发展与认知特点出发,设置三维目标,抓住重点难点。在教学实施环节要紧紧围绕三维目标和重难点来进行讲解,充分体现游戏化课程理念,关注幼儿自主学习、合作学习和探究学习的方法指导与评价,结合现代化多媒体手段展现完美课堂;在试讲过程中,考生务必记住幼儿面试主要侧重于技能的考察,例如:弹、唱、画、跳、讲故事等基本技能,要将技能完美融入试讲之中。

课后练习

1. 简述模拟授课的概念、特点及其类型。
2. 模拟授课的课堂主要结构是什么?它与微型课课堂结构有何区别?
3. 说出模拟授课的评价项目及其评价标准。
4. 全国教师资格考试面试流程是什么?面试中模拟授课的评价项目及其评价标准如何?

第八章 模拟授课策略

1. 知道模拟授课课前准备基本内容。
2. 掌握模拟授课中情景创设的一般方法。
3. 了解模拟授课课件制作中的注意事项。

第一节 课前准备策略

幼儿园教师走上讲台讲授教学内容之前，必须做好充分准备，对于试讲的幼师生更是如此。充分而完整的备课是讲好一节课的必备前提。所谓备课，主要是指掌握教学内容，领会编者意图，分析幼儿特点，确定目的要求，选择教学方法，做好教具学具准备。显然，深入钻研教材是提高备课质量的核心。关于备课，这里将从研读《纲要》与《指南》、搜集学习素材、梳理各课程序、试做实验步骤、重新完善教案、细写授课讲稿六个方面进行分析。

一、研读《纲要》与《指南》

幼师生一定要研读《纲要》与《指南》中对有关学习活动内容的规范要求，了解编者意图，不能自己想当然地确定教学目标，草草列出。根据《纲要》与《指南》要求，在详写教案之前列出的一个大概框架。其中描述了讲授这部分教学内容所需要的几个部分，以及对整个教学过程的初步构思，并且将讲课过程中所需要的素材一一列出。对于准备写教案的幼师生来说，做这一部分的工作不仅能使整个备课过程思路清晰，而且能使之避免在详细备课时落下细节内容。

二、搜集学习素材

在对教学过程有了一个大概构思以后,就要清楚地了解自己在详写教案之前所需要的相关知识并尽可能多地搜集讲课过程中需要的素材。可以看一些经典的课堂教学案例和设计,学习优秀的教案,下载有关的课件。同时准备一些课外扩展知识,以便随时回答幼儿的提问。有的放矢地搜集素材,尽量寻找与所要讲的课程密切相关的资料。

三、梳理备课程序

对初次试讲的幼师生来说,在课前不能只准备一个讲课的提纲,对于教学活动内容、教学活动对象、教学活动目标、教学活动方法、教学活动流程、教学活动延伸等部分也应该在教案中进行具体的分析。在上课前一定要做到心中有数,这样在执行中才能得心应手,应对自如,顺利告捷。

1. 教学活动内容

任何一部分教学活动内容都包含有重点、难点和幼儿较容易理解的部分,对于不同难度及层次的知识点,教师应有不同的详略安排,对于重难点应详细地重点讲述,而较容易理解的知识,可以相对简略讲述。幼师生在这一个环节很容易出现的问题就是教学内容重点不突出,或是对重难点的把握不够准确。对于这个问题,一是要求幼师生在备课之前对自己所要讲述的教学内容足够熟悉;二是可以向在职的、经验丰富的学科指导老师请教。这样在教学内容的把握上就不太容易出现偏差。还需要注意的是,不同层次的幼儿群体,接受能力也是不一样的,在安排教学内容时不能太多,也不能过于发散,一定要控制在幼儿可以接受并且能够初步掌握的范围之内。

2. 教学活动对象

幼儿是教学的对象,幼师生在教学对象的分析上,应充分考虑幼儿的年龄特征、对知识的接受能力,以及所处的幼儿园环境和社会环境等,以便于后面其他教学环节的设计。备幼儿的目的是为了根据幼儿的实际水平的具体需要,有的放矢地进行教学,高质量地完成各项教学任务,实现预定的教学目标。另外,对于幼师生来说,在试讲时面对的不仅仅是幼儿,还有评委或同事,因此,在进行教学时也应当特别注意。

3. 教学活动目标

在详细分析教学活动内容和教学活动对象后,便到教学目标的编写了。对于不同的幼儿群体,即便是相同的教学内容在教学目标的编写上也要注意层次的区分。应结合教学内容分析中所确定的重难点以及详略,安排不同的教学目标,将所要知道、领会、应用、分析、综合、评价等应达到的不同教学目标和教学内容结合起来。对教学目标、教学内容、教学对象的分析是不可分开的,在备课时往往整体进行,这一点对于幼师生非常重要。

4. 教学活动方法

选择教学活动方法应符合幼儿的认识规律、年龄特点及学科特点，既有利于教师发挥主导作用，也有利于调动幼儿学习的主动性和积极性。

(1) 备方法

在我国的幼儿园教育教学中，常用的教学方法有讲授法、谈话法、探究法、模仿练习法、操作演示法、实验观察法、角色扮演法、讨论法等这几种方法。对于不同学科、不同性质的教学内容有的只需要一种教学方法便可以进行，而有的则需要几种教学方法相结合使用。幼师生在刚开始模拟授课时，经常单一使用讲授法，这种方法相对其他几种方法较容易掌握，但对于缺乏经验的幼师生而言，很难把握如何引导、启发幼儿思维，这就需要在教学过程的设计中尽可能详细，切勿将知识直接灌输给幼儿，而应让其发挥主观能动性来积极主动学习知识。

(2) 备感情

除了备方法外，备好教师的感情也是讲好课的重要条件。许多老师都有这样的体会：走进教室以前，如果自己是兴奋的、愉快的，而且信心百倍，那一定会讲得津津乐道，幼儿也会听得全神贯注，讲课的效果就好。反之，如果课前自己心情不畅，那么这节课的气氛一定会受到影响。所以，有经验的教师，为了使自己上课能感情充沛、气氛活跃，上课前，总要收收心（闭眼深呼吸、抛弃杂念）、养养神（回忆一下讲课的内容），这样讲起课来就能轻松愉快、娓娓动听。

(3) 备语言

讲课是一种艺术。幼师生必须充分重视语言技巧，一位知识极为渊博的教师，如果不能形象、准确地表达出来，那也是一种遗憾。有人说："老师的语言是蜜，它可以粘住幼儿的思维。"据调查统计：学生最喜欢语言风趣、有幽默感的老师上课，生动的语言可以调节课堂气氛。

(4) 备教态

讲课时的姿态、动作是表达语言时的重要辅助形式。教态生动活泼、大方自然，能使幼儿的注意力高度集中，有利于幼儿掌握所学的知识。如果讲课时生硬死板，幼儿就会感到枯燥乏味、无精打采。因此，试讲前，应该认真选择自己的讲课姿态，改进教法，选择语言，备好教态。对于一些疑点，自己不放心的环节，可以利用散步等时间，边走边讲，当然不一定要有人听，也不一定讲出声，当成自己练习便可。

5. 教学活动流程

这是整个教学活动设计的重点部分，其中包含所要讲述教学活动内容的具体解析、课堂提问与回答、教学活动内容间的环节过渡、讲述各部分内容所要用的时间安排、各个阶段教师和幼儿所要做的事情、板书的设计及书写等。对于参加面试的幼师生，每一部分的设计都应该尽可能详细。在能力允许时，还可以设计教学活动过程中可能会出现的问题，如幼儿提问、课外知识的扩充等。

6. 教学活动延伸

在设计教学活动延伸时一定要注意与教学内容的重难点以及教学目标的设计相结合，设计的活动延伸要体现学科特色。活动延伸应从基本的、简单的开始，但不能模式化、固定化。相反，应有一定数量灵活的、综合的、需要创造性思维的课外延伸活动，只有这样才有助于训练学生思维的全面、深刻、敏捷和灵活。

四、试做实验步骤

在语言、社会等课程领域中，这一部分的准备可能相对少一些，但在一些科学、健康、艺术等领域的教学过程中，可能会向幼儿播放一些音频以及视频素材，那么教师就应该在上课之前试播，以检查素材是否能顺利播放。在课堂教学过程中涉及的实验，除了极少部分经验非常丰富的幼儿园教师，其余大部分幼儿园教师，特别是试讲时的幼师生，都应该在条件允许时提前试做实验。这不仅能及时发现实验时可能会出现的问题，采取一定的措施予以预防，还可以避免模拟教学中实验失误所带来的时间浪费或者安全隐患，而且对于幼师生来说，还可以增加模拟教学时的信心。

五、重新完善教案

将所有涉及的实验都试做完成之后，应该根据实验时所做的详细记录对教案做再一次的修改、补充与完善。应试者一定要再一次检查自己的教案，这不仅包括实验部分，还应包括教案的其他部分，都应做详细的检查与思考，对其进行进一步的修改与完善。

六、细写授课讲稿

讲稿不是教案的简单重复，而是在教案的基础上，进一步详细地写出具体模拟教学中的每一个环节。这包括教师在模拟教学中所要说的每一句话，所要做的每一个动作，所要写的每一次板书，所要提的每一个问题。当然，计划永远赶不上变化，模拟授课过程中所遇到的问题并不一定在写讲稿时都能涉及，并且有可能几乎脱离讲稿而进行。但提前写好讲稿，对于缺少教学经验的幼师生来说，无疑是吃了一颗定心丸。因为很少有机会讲课，课堂驾驭能力不够强，提前写讲稿有助于整理思绪，即使由于各种原因造成模拟授课环节脱离原来教学设计，也可以参考讲稿及时回到原来的教学设计中。写过一次讲稿，就会留下比较深刻的印象，也就是说即便模拟授课时发散得太广，也会及时发现，做出调整。

备课是一个厚积薄发的过程，没有起点和终点，需要不断深化和完善，不仅要倾注时间，还要凝聚智慧。幼师生要从"为它所控"转变为"为它所动"，最终"为我所用"。在这个过程中，幼师生要不断反思，既要学习他人，还要坚持自己的主张，做到不卑不亢。

然而在众多的幼儿园教师公开招聘面试中，更多采用模拟课堂教学，幼师生必须在30～60分钟内即兴备课。在有限的时间内，快速备好一节课，能够较好地考查幼师生

对某门课程领域的驾驭能力。那么,如何才能在短时间内快速备好一节课?我们对幼师生提出以下几点建议:

第一,根据抽到的课题的内容确定好本节课的重点、难点,再以重难点为中心,围绕它们进行知识线索的建构,设置幼儿互动的问题,设计板书和精选学习活动安排。这种备课方式粗放而又细腻,简洁而又有序,能使幼师生在短时间内快速把握模拟讲课内容,理清模拟教学思路,提高上课思维的"层次性"和"宏观化",促进了教学目标的有效达成。

第二,可进行"脉络备课",构建课堂大框架。所谓"脉络备课",就是以这节课的教学目标为核心,围绕主要的学习环节进行学习活动板块设计,并有明确的设计意图。这种备课方式可以帮助幼师生有序地理清教学脉络,明确授课方向,从而促进教学目标的快速达成。

第三,备课中每个环节的设计要安排清楚,相互要联系紧密,一环扣一环,并且要有整体性。备课中要思考幼儿可能有疑问的地方,试讲时要讲清楚"我觉得此处幼儿会有怎样的问题,因此我在这里这样处理"。

第四,备课要精心设计引入课题的技巧。所谓"良好的开始是成功的一半",聪明的教师往往在"导入"上匠心独运,多数老师通过"激趣""过渡""启发思考""激发认知冲突"等手段来导入。幼师生可以发挥了解幼教改革最新前沿动态的优势,用一个吸引眼球的画面进行导入。

第五,在备课时不要追求面面俱到。一方面,备课时间和讲课时间都是有限的,面面俱到可能耗费很多时间而没有突出自己的特点和优势;另一方面,课堂是动态的,是变化的,如果备得太细,可能会束缚了手脚,局限了思维,对于突发问题不能随机应变。因此,幼师生应该积极运用、调动自己的教育机智和教学智慧进行课堂即时备课,现备现用,使模拟授课教学成为充分展现自己激情与智慧的舞台。

第六,面试前多练习,尤其是教学经验欠缺的幼师生,务必在面试之前多演练。在较短的时间里备好课,再自己试着讲一遍(如果比赛通知有告知多长时间就按多长时间练习),可以找同学担任评委,然后根据讲课的效果再修改教案。多次模拟演练之后,必能总结出最适合自己的备课、讲课技巧,面试时也就会胸有成竹,不会太紧张。

总之,整个讲课过程所应注意的有:导入技巧,重难点及详略的把握,各知识点间的过渡,板书及技能展示,总结延伸等,教师的语言、语速、语气及语调等。面试模拟教学主要考查的是幼师生的基本教学素质,比较看重的是教学基本功。记住,要尽量展示你的教学素养和驾驭课堂的能力,不管现场教案是好是坏,你都要在模拟教学中充分表现出自信与激情。

第二节 情境创设策略

一、教学情境的含义

情境,《现代汉语词典》中解释为"情景、境地",含有情形、景象和环境的意思。幼儿园教学情境是指在教学中利用具体的场所、景象、境况等,来引起幼儿的情感体验。《幼儿园教育指导纲要》中指出:"环境是重要的教育资源,通过环境的创设和利用,有效地促进幼儿的发展。"教学中创设教学情境有利于培养和激发幼儿的兴趣和动机、知识的合理建构,有利于幼儿建立"表象"。

教学情境是在新的教学内容或教学活动开始前,引导幼儿进入学习状态或产生学习问题的教学行为场景。教学情境就其广义来说,是指作用于学习主体,产生一定的情感反应的客观环境。从狭义来认识,则指在课堂教学环境中,作用于幼儿而引起积极学习的情感反应的教学过程。它可以综合利用多种教学手段,通过外显的教学活动形式,营造一种学习氛围,使幼儿形成良好的求知心理,参与对所学知识的探索、发现和认识过程。教学情境可以贯穿于全课,也可以是课的开始、课的中间或课的结束。教学情境是教学的突破口,幼儿在不自觉中达到认知活动与情感活动有机的"渗透"与"融合",使幼儿的情感和兴趣始终处于最佳状态,全身心地投入到学习之中,从而保证教学活动的有效性和预见性。

二、教学情境的功能

1. 引起注意

注意是幼儿对某些事物心理上的一种明显的集中或指向,是幼儿对某些事物产生兴趣的基础。无论是什么人,对某些事物如果漫不经心,不予以注意,很难使他对该事物产生兴趣,也就很难把幼儿引入教师为此事物创设的教学情境中去。即便是幼儿本身对教师所要讲的教学内容很感兴趣,课堂教学一开始,教师缺少必要的使幼儿引起注意的导入,也不会取得理想的效果。比如,儿童普遍对讲故事感兴趣,当孩子们正对其他事物感兴趣的时候,教师就开始讲故事,孩子们可能会慢慢地一一被吸引过来,造成了某些孩子故事的开始没能听到。倘若教师说一句"孩子们,我想给大家讲个故事,你们想听吗?"情况可能就是另外一回事。

2. 激发兴趣

兴趣是人们探究某种事物或从事某种活动所表现出来的特殊的积极的个性指向。教学情境有利于培养幼儿的学习兴趣。在教学情境缺失的教学活动中,幼儿往往缺乏对知识应有的兴趣,因为知识在这样的教学中是以确定结论的面目出现的,不需要幼儿积极的智力活动,即使存在一些智力活动,也是按照规定的路径进行的推理。没有问题的教学不能引起学生强烈的探索和求知欲望,反而会消减他们的学习兴趣。可以说,创设教学情境是激发幼儿内在学习兴趣不可缺少的。

3. 促进迁移

迁移是一种学习对于另一种学习的影响。迁移的作用是建立新知与幼儿已有知识的联系。创设教学情境能够帮助幼儿顺利实现知识的迁移和应用。通过具体情境中的学习,幼儿可以清晰地感知所学知识能够解决什么类型的问题,又能从整体上把握问题依存的情境,这样,幼儿就能够牢固地掌握知识应用的条件及其变式,从而灵活地迁移和应用学到的知识。

4. 完成新旧知识衔接

反映在导入环节上常常是旧知再现、旧知重组、新知诱发。创设情境有利于幼儿循着知识产生的脉络去准确把握学习内容。在去情境化的教学中,幼儿直接接触现成的结论,知识犹如横空出世一般突然呈现在幼儿面前。由于不知道知识是为了解决什么问题,以及是如何得来的,这就给幼儿深刻理解学习内容带来了障碍,不利于幼儿思维的发展。思维起始于问题而不是确定的结论。杜威在他的"五步思维法"中指出,思维活动可分为五个阶段:第一步:问题;第二步:观察;第三步:假定;第四步:推理;第五步:检验。教学情境的核心是与知识相对应的问题,因此,创设教学情境能够模拟地回溯知识产生的过程,从而帮助幼儿深刻理解教学内容,发展思维能力。

三、教学情境创设的路径

1. 谈话创设法

教师通过和幼儿交谈,在不知不觉中渗透主题内容,进而又自然而然地引出活动。如儿歌《下雨了》的导入语:"小朋友,你们喜欢下雨吗?当你和小伙伴们在外面玩得非常开心的时候,突然下起了雨,这时候,你们会怎么做呢?你们知道小动物是怎么做的吗?今天,我们就来一起学习儿歌《下雨了》。"

2. 谜语创设法

通过猜谜语能够描述事物的主要特征,帮助幼儿理解活动内容,启发幼儿的学习兴趣。如常识课《认识青蛙》的导入语:"今天,老师要请小朋友猜一样东西,'大眼睛,宽嘴巴,白肚皮,绿衣裳,地上跳,水里划,唱起歌来呱呱叫,专吃害虫保庄稼。'请你们动脑筋想一想,这是什么动物?对了,今天我们就和小朋友们一起来认识青蛙!"

3. 情境表演创设法

通过情境、舞蹈、手偶等表演形式引出活动,这种情境表演很好地激发幼儿的学习兴趣,让他们能更好地融入故事的情境中。如礼仪活动《小手真干净》的教学情境创设如下:"今天,老师听到毛巾架上有哭泣的声音,我走过去一看(举起脏毛巾),这条毛巾宝宝对我说:'看,我身上好脏啊!谁的小手没洗干净?'小朋友们,你们会洗手吗?"

4. 故事创设法

以故事的形式创设情境活动,能吸引幼儿的注意力,调动幼儿的学习积极性。如音乐活动《粗心的小画家》的情境创设为:"今天,老师给小朋友讲一个故事,有一个小朋友叫'丁丁',他很喜欢画画,他画只鸭子尖嘴巴,画只兔子圆耳朵,画匹大马没尾巴,你们说他是一个什么样的画家呢? 对,今后我们无论做什么事情都要细心,仔细观察,千万不能虎头蛇尾、粗心大意。今天,我们与小朋友们一起学习歌曲《粗心的小画家》。"

5. 悬念创设法

采用悬念的形式导出学习活动,可引起幼儿的好奇心,激发幼儿追根问底的热情,培养幼儿主动探索的精神。如故事活动《每一次》的情境创设为:"小朋友,你们喜欢自己的妈妈吗? 你们和妈妈最喜欢玩什么样的游戏呢? (出示熊宝宝头饰)有一只可爱的熊宝宝,它最喜欢和妈妈玩捉迷藏的游戏,它们是怎么玩的呢? 我们一起来看看吧。"

6. 演示创设法

借助实物、玩具、图片、贴绒等道具演示的形式导入活动,直观形象,幼儿既感兴趣,又容易理解。如音乐欣赏活动《糖果舞会》导入时可以说:"今天,老师带来一个礼物袋,小朋友们猜一猜里面有什么东西? (出示糖果袋)你摸到了什么? 这颗糖果宝宝摸上去什么感觉?"老师接着说:"新年快到了,硬糖先生和软糖小姐举办了一个新年舞会……"

7. 实验创设法

通过直观形象的实验操作形式引入活动内容,变抽象为具体,变深奥为浅显,变隐形为显性。这样做既培养了幼儿的观察力,又对幼儿理解、掌握活动内容起到事半功倍的效果。如常识课《认识水》的导入,教师提起水壶,往玻璃杯里倒水,然后提问:"你们看老师把什么倒在杯里? 水有颜色吗? (有的幼儿会说水是白色的,有的幼儿会说没有颜色)到底谁说得对呢? 我们来做个小实验,小朋友们仔细观察一下就知道了。"

8. 游戏创设法

游戏是幼儿最喜爱的活动,以游戏的形式导入教学活动,能调动幼儿的积极性,活跃课堂教学的气氛。如故事活动《为什么不能》的导入方式:教师将各种动物的头饰藏在教室的各个区域,再让幼儿到每个角落进行寻找,找到后,就模仿这种动物的动作,并说一说它有什么本领。如幼儿找到小兔的头饰,就戴上并模仿小兔的动作,说:"我是小兔,蹦蹦跳跳。"

9. 回忆创设法

让幼儿回忆曾经经历过的事情来引出活动。如故事表演活动《虎大王照相》活动导入语为:"上节课我们已经学过《虎大王照相》的故事,今天,老师和小朋友一起来表演这个故事,你们愿意吗?"

10. 观察创设法

让幼儿带着任务去观察,幼儿会留心注意事物。如科学活动《认识小蝌蚪》,导入时可以这样说:"小朋友,老师在桌上准备了许多盆,盆里装了许多小蝌蚪,他们长什么样子呢?老师要请小朋友去看一看,看的时候要认真、仔细,还要牢牢记住它们的长相特征。"通过观察的形式引入活动,能使幼儿对所学知识理解快,掌握牢。

四、教学情境创设注意的几个问题

1. 明确目的

情境创设一定要围绕教学目标,从幼儿实际出发,选择与幼儿日常生活、社会经验、认知环境相关度较高的材料。所以,教学中既要紧紧围绕教学目标创设情境,又要充分发挥情境的作用,及时引导幼儿从情境中运用语言提炼出学习问题,不能流于形式。

2. 短小精干

情境创设要做到简洁明快、直截了当,切不可烦琐与花招。创设情境的目的是有利于高质量地开始教学活动,它应该聚焦于学习问题、学习任务以及启迪幼儿思维等。应简洁明了,开门见山。不要拖泥带水、啰里啰唆。

3. 别致新颖

创设情境要有新意,有利于激发学习兴趣,容易让幼儿产生新的问题或新的任务。教材中的事例和内容、事件的背景等一般都平铺直叙,缺乏生活气息,较为平淡,如果对其大胆创新,创设情境,赋予幼儿密切相关的生活情景和鲜活事例,不仅可以激发学生的参与热情,活跃学生的思维,而且能更好地帮助学生理解、掌握知识。

4. 因课制宜

要根据不同的教学内容和教学对象采用不同的创设方法。教学情境设计方法、方式多样,因人因课而异。创设教学情境,就是将教学内容置于生活化的场景中,幼儿才能切实弄明白知识的价值。同时要依据幼儿的生活经验,去选择合适的教学情境。

第三节　课件制作策略

多媒体课件是指基于计算机技术,将图、文、音、像等媒体素材有机融合起来完成一定教学任务的教学课件。应用多媒体手段辅助课堂教学,能把抽象内容具体化、复杂过程简单化、枯燥内容形象化、隐性内容显性化,对提高信息传送量、化解授课难点、突出授课重点、优化教学效果起到很好的支撑作用。

一、课件制作的原则

1. 教育性原则

(1)通过多媒体手段,能使教学目标明确,教学重点突出,更有助于突破教学难点。

(2) 体现多媒体教学的辅助性、直观性、启发性、时效性原则。

(3) 表现形式合理、有效、新颖,符合幼儿认知特点。

(4) 适应教学需要,效果突出,有效补充传统教学手段之不足,充分体现多媒体教学的优势。

2. 科学性原则

(1) 内容正确,结构严谨,层次清晰,内容无政治性、科学性、逻辑性错误。

(2) 场景设置、素材选取、术语运用、操作示范等符合相关标准与要求。

(3) 模拟仿真符合教学规律,各种教学媒体能为幼儿理解教学内容、达成教学目标服务。

(4) 展示时机恰当,展示时间适中。

3. 技术性原则

(1) 操作方便灵活;没有导航、链接错误;具有良好的稳定性与安全性。

(2) 能根据需要选用适当的技术手段,效果良好。

(3) 充分利用视频、音频、动画、超链接等多媒体技术,并具有相应的控制技术。

(4) 结构完整、规范、合理。

4. 艺术性原则

(1) 页面布局合理,整体风格统一,色彩搭配协调,有视觉冲击力。

(2) 文字、图片、音频、视频、动画等素材处理恰当,与教学主题匹配。

(2) 制作精细,具有较强的吸引力、感染力。

二、课件制作策略

制作教学课件的软件均适合制作说课、微型课、模拟授课课件,比如 PowerPoint、Authorware、Flash、方正奥思等。PowerPoint 演示文稿制作软件操作简便,图文并茂,是广大师生的首选。本文涉及的操作均以 PowerPoint 2007 版本为例。课件的制作首先要遵循多媒体课件制作的基本原则,运用一定技巧,就可以制作出较为精美、适合用途的教学课件。

1. 文本处理

文字内容要简洁、突出重点、化解难点,以提纲式为主。尽量减少文字显示数量,不要把课件制作得太拥挤,底部应留白。过多的文字阅读容易产生疲劳。标题文字应与内容文字在字号、字体、颜色等方面有所区别。同一级别标题的字体、颜色、字号应该保持一致。在同一课件中使用的字体最好不要超过三种。文字颜色应与背景要有一定的对比度,做到文字醒目、画面和谐,有较好的视觉效果。一般文字应选用暖色调或亮度高的颜色,背景选用冷色调或亮度较低的颜色。为提高演示效果,文字显示可适当采用自定义动画的效果,将授课内容逐步引入。

2. 图片处理

选择合适的图片非常重要，这个"合适"绝不是指越美越好，越大越好，关键要看图片在课件中所处的位置和发挥的作用。图片应该清晰，大小要恰当，尽量使用JPEG和TIF格式，尺寸一般不超过800×600像素。图片的位置、大小、颜色等都需要紧紧围绕授课内容。画面布局尽量遵循"黄金分割"，即将重点展示的图形放在画面大约三分之一处，这样使人觉得画面既和谐又充满美感。

课件中图片的处理原则：① 能用大图，不用小图。大图是指像素高的图片，一方面，大图更为清晰，可以根据自己的需要随意进行剪切而不影响图片的质量。另一方面，全屏使用的大图，作为文字内容的背景，往往要比配小图更显得大气、有质感和美观。如果为了调节课件页面的平衡感和节奏，选择小图不如采用色块、线条的方式装饰文字。② 选择图片要有整体性，与课件风格、色系相配。所谓的整体性，并不是要求所有的图片必须是一个系列，或者一个主题，而是要求图片应该有前后呼应的效果，不要因为喜欢就生硬插入某张图片，让人产生突兀之感。如果有很好的创意，可以在色调、图片剪切上，对图片进行统一处理，使课件整体更为协调。③ 采用图片要时刻关注使用目的，千万不要喧宾夺主。对于课件而言，美观绝不是第一考量，重点是课件要达到什么样的目的。图文混排时，尽量突出文字，否则就有哗众取宠之嫌。

3. 音频处理

在课件制作中有意识地使用音乐和音响效果，可以烘托气氛、激发情绪、促进联想，更好地表达教学内容。课件中的音响和音乐应该相互补充、相互联系、相互配合，音响表实、音乐表意，共同为教学服务。舒缓的背景音乐，可以调节授课的紧张气氛，有利于引发思考。在说课、微型课与模拟授课中，重点处应选择舒缓、节奏较慢的音乐，过渡性内容选择轻快的音乐，在演示时设定播放开关按钮或菜单。便于教师随时控制。

4. 动画处理

（1）预设动画

在幻灯片视图下，单击幻灯片中要设置动画效果的对象。单击"幻灯片放映"菜单中的"预设动画"命令，查看子菜单，选择一种动画效果。若要修改动画效果，则选中该对象，重新选择动画效果。如果要取消该对象的动画效果，单击"预设动画"子菜单中的"关闭"按钮即可。

（2）自定义动画

在幻灯片视图下，单击幻灯片中需设置动画效果的对象。单击"幻灯片放映"菜单中的"自定义动画"命令，选中合适的动画效果。单击"预览"查看动画效果，满意后单击"确定"，完成设置。一般我们常用百叶窗、擦除、切入、收缩、展开等几种动画效果。螺旋效果用以引入新的主题或解决方案；回旋效果用以添加悬疑或探索奇怪的问题；从屏幕中心放大效果用以揭示谜底；缩小效果用以强调观点；使用切入效果可以进行数据比较；如果是重点突出的文字，可以采用闪烁的效果；如果想控制文字呈现的节奏，可设定

"按字母"方式擦除等效果。

5. 幻灯片切换

选中需要设置的幻灯片,单击"幻灯片放映"菜单中的"幻灯片切换"命令。在"幻灯片切换"对话框中查看"单击鼠标"时课件页切换效果,如速度、声音、换片方式,满意后单击"应用"。切换时既要富于变化,又要减少听课者的视觉疲劳。应该慎重使用幻灯片切换时的声音,幻灯片切换时加入的声音主要是要提醒听课者幻灯片已经切换;在重要概念、思想方法以及问题结论处加入不同的声音,强调这里的重要性。在播放时应控制音量的大小,防止分散注意力。

如果两页之间的内容有演变关系,应该采用"溶解"方式,播完第一张后,第二张渐渐出来;如果是很长的流程图,就采用"向左插入",这样画面连贯、流畅;在展示不重要的照片时,可以用从对角线方向"抽出"方式;如果两页内容变化不太大,标题相同,只是正文内容有些差异,最好不要在两页之间加幻灯片切换。

6. 超链接

(1) 动作按钮链接的修改

对于动作按钮链接,可以自制有特殊标志的按钮代替,也可以到网络上搜索,如动画格式的图片按钮,效果就不错,但不可使用太多,因为这样容易分散幼儿注意力。

(2) 图形对象链接的修改

对于图形对象链接,可以自制一些图形对象代替,也可以到网络上搜索。

(3) 文本的超链接

文本设置超链接时,建议先给文本设置边框,不要设置文本的动作,而是设置文本所在边框的动作。这样,既可以避免使文本带有下划线,又可以使文本的颜色不受母板影响。操作步骤为选中边框,右键单击,选取"动作设置"项,链接到所要跳转的界面。

课件的制作既要遵循制作的一般原则,又要紧紧围绕说课、微型课、模拟授课讲稿,体现目的性,需要在授课实践中不断地学习、总结。优秀的课件应融教育性、科学性、艺术性、技术性于一体,最大限度地发挥授课者的教学潜能,将授课意图、教学理念、教学设计、教学方法运用等教学过程关键要素综合体现。

课后练习

1. 模拟授课课前要做好哪些准备工作。它们的要求是什么?
2. 幼儿园模拟授课中情景创设的一般有哪些方法?
3. 做好模拟授课的课件制作要注意哪些事项?

第九章 幼儿园模拟授课案例

扫描二维码
观看幼儿园模拟授课视频

1. 知道"五大领域"模拟授课稿的结构及基本要求。
2. 了解同一个领域模拟授课稿在大、中、小班的差异。
3. 学会撰写模拟授课稿。

第一节 健康领域模拟授课案例

《好心情》(小班)

一、活动目标

学会控制或适当发泄自己的情绪。

二、活动准备

自制心情脸谱教具。

三、活动过程

1. 教师展示一张小朋友的心情脸谱,让幼儿猜猜看他表达的是什么心情。(高兴、伤心、生气、平静)
2. 让幼儿也用心情脸谱说说他今天的心情是怎么样的。让小朋友根据自己的心情分成四组,并分别说说自己为什么高兴、生气或伤心?
3. 出示高兴的脸谱,问幼儿:"什么时候心情会高兴?"出示心情不好的脸谱,问幼儿:"什么时候心情会不好?"
4. 感受好心情:教师与幼儿一起跳舞《快乐碰碰碰》。
5. 讨论:如果有的小朋友心情不好会怎样?(会生病、没有朋友和他玩)

6. 讨论:怎样使自己的心情变得愉快?

7. 游戏:"心情魔方"。玩法:拿一个正方体盒子,在它的六个面画上六种不同的表情,请一个幼儿往上抛,落下后,它露出的面上是什么表情,幼儿就做出相应的表情。以此引起全体幼儿不断的笑声,共同找到快乐!

四、活动延伸

回家后,用不同的脸谱,与家人做各种好心情的游戏,并把过程记录下来。

《好喝的牛奶》(中班)

一、活动目标

1. 尝试亲自用奶粉调制牛奶。
2. 知道牛奶对身体生长的益处。
3. 学会跟随音乐节奏做动作。
4. 认读"牛奶"两个字。

二、活动准备

1. 小塑料桶、识字图卡"牛奶"。
2. 录音机、音乐磁带、牛奶及杯子。
3. 奶类食品图卡或实物。

三、活动过程

1. 出示多媒体课件,请幼儿观察画面中的人正在做什么。(挤牛奶)
2. 教师出示小塑料桶,请幼儿猜猜小塑料桶的用途,充分发挥幼儿的想象力。
3. 教师告诉幼儿一个好消息:我们要到"小农场"挤牛奶,请幼儿发挥想象,跟随音乐的节奏模拟挤牛奶的动作。
4. 教师分发给幼儿一些牛奶,让幼儿学习倒牛奶。(事先了解有无不宜喝牛奶的幼儿,提供其他饮料)请幼儿喝自己倒的牛奶。
5. 请幼儿说说牛奶的味道,讨论牛奶的益处。
6. 出示识字图卡"牛奶",与幼儿一起认读。
7. 出示奶类食品图卡或实物,让幼儿进行介绍。

四、活动延伸

请幼儿回家调查家中有无这些食品,并回幼儿园分享调查情况。

《小小运输队》(大班)

一、活动目标

1. 练习双手推滚轮胎动作,提高手脚动作的协调性及方向性,锻炼上肢力量。
2. 积极动脑,想象多种运轮胎的方法,感受好的游戏方法带来的方便与快乐。

3. 认真完成运输任务,有责任心。

二、活动准备

1. 轮胎若干。

2. 音乐磁带、录音机。

三、活动过程

1. 游戏听音乐"开汽车"进场。

教师播放音乐,幼儿"开汽车"围着轮胎进行走、跑、跳、爬等活动。

"小朋友们,我们跟着音乐一起来开汽车吧!"

可进行以下几种活动:

① 绕轮胎走:轮胎间隔摆放,幼儿绕轮胎走或跑。"请小朋友们绕着轮胎走或者跑,注意安全哦!"

② 跳轮胎:轮胎平放连成一排,幼儿向前依次跳过一个个轮胎。"请小朋友们注意安全和秩序,按照次序一个一个地慢慢跳过去。"

③ 过山坡:由六个轮胎叠成小山状(三个在下面、两个在中间、一个在上面),幼儿尝试用爬或跳的方法过山坡。"我们来一起过山坡啰!"

④ 钻山洞:把轮胎竖放成一排(可固定在场地上),幼儿来回钻过轮胎。"现在我们都是英勇的解放军,我们要钻过山洞,打跑敌人。"

2. 练习运送轮胎。

① 教师:"把小汽车开到停车场休息一会儿吧(幼儿集合到教师面前),我们一起来保养一下小汽车各部位的零件。"

② 师幼一起听音乐做"肢体韵律"操。(自编)

③ 教师:"小朋友们,汽车要想跑得快,哪个部位最重要?"(轮胎)在场地上有一些轮胎,你们去试试用什么方法让它跑得快?

④ 幼儿自选一个轮胎尝试运送轮胎的方法。

⑤ 幼儿介绍自己运轮胎的方法,大家相互学习游戏方法。

⑥ 幼师共同讨论:怎样运轮胎不费力,又跑得快?

3. 练习双手滚轮胎的动作。

① 幼儿练习双手滚轮胎。

② 集体比赛:幼儿站成一排,由起点出发,把轮胎滚到终点,看谁最快。

4. "运轮胎"接力赛。

① 教师介绍游戏玩法:"请小朋友们 4 人一组(A 组、B 组……),每个人把自己的轮胎放在'停车场'(起点),幼儿站在相应位置上(A1、A2、A3、A4、B1、B2、B3、B4……),每人相隔 2~3 米。游戏开始,每组站在 1 号位置上的幼儿从起点滚轮胎给 2 号,2 号给 3 号,3 号给 4 号,4 号把轮胎运到每组规定的地点。"

每个幼儿运完一个轮胎后要赶紧回到自己的位置上去接下一个轮胎,看哪一组先运完。

② 幼儿游戏一次。

③ 竞赛一次。

最后,师幼一起把轮胎运到指定地点。

四、活动延伸

回家以后,与自己的爸爸、妈妈做一次运轮胎游戏,并把自己运输方式记录下来,回园后与本班小朋友一起分享。

五、活动评价

运轮胎的方法还有很多种,本活动是一名幼儿运,还可以让幼儿尝试两人运轮胎。在户外体育游戏中,可进行比赛,看谁在规定时间内运得多;也可作为运动会的游戏项目,与家长共同游戏。

第二节　语言领域模拟授课案例

《小猴请客》(小班)

一、活动目标

1. 学习词汇:"又红又大"。
2. 知道故事名称,了解故事主要情节及人物间的对话。
3. 懂得要向小猴学习,做有礼貌的小主人。

二、活动准备

1. 多媒体课件一套。
2. 小猴胸饰。
3. 塑料水果一套。

三、活动过程

1. 激发兴趣,引入主题。

师:老师今天带来了一个好朋友,你们瞧瞧是谁?(出示小猴教具)

师:今天天气真好,小猴子邀请了好朋友们来做客,小猴子想请好朋友们吃桃子,小猴子想请你们帮忙一起摘桃子吧,你们愿意吗?(愿意)

师:今天真开心,我们摘的桃子是什么颜色的?(红色的)

2. 欣赏故事,理解情节。

(1) 欣赏故事 1~2 段(播放 PPT1)。

师:是谁呢?谁来迎接客人?小猴子是怎么说的呢?(你好,小兔子,请进)(依次出现小兔、熊猫)

(2) 欣赏故事 3~6 段(播放 PPT2)。

师:三个朋友都被小猴子有礼貌地请进来了,小猴子作为主人,要做些什么呢?(幼儿自由讨论并练习"我送给你又红又大的桃子")

师:小猴请大象、小熊、小兔吃桃子时,它们是怎样说的?(练习礼貌语"谢谢""不用谢")

(3) 创编情节,进一步练习句式(播放 PPT3)。

师:那还会有哪个小动物来小猴子家做客呢?小猴子又会怎么做呢?谁来猜一猜?

出现客人:机器猫、小老虎、小青蛙。

提出要求:说话声音响亮,小动物们会张大嘴巴。

3. 延伸经验,扩展思维。

师:我们是主人,他们是客人,为什么要先给客人吃呢?

4. 师幼互动,结束活动。

师:小动物们都说你们真棒!妈妈也要给你们送水果,送送送,送水果,送给你一个大水果,谢谢你,不用谢,你是我的好朋友。(引导幼儿唱,互送水果)音乐声中活动结束。

四、活动延伸

回家后,请把"小猴请客"的故事复述给爸爸、妈妈听一听,并同他们交流感受。

附:故事《小猴请客》

多么美丽的树林啊!草儿绿了,花儿开了,小鸟在树上叽叽喳喳地唱着。

今天小猴特别高兴,朋友们要到家里做客,"笃笃笃",大象、熊猫、小白兔都来了。

小猴有礼貌地请客人们坐下,把篮子里的桃子拿出来请朋友们吃。

小猴先拿了一只又红又大的桃子请大象吃,大象说:"谢谢!"小猴说:"不用谢!"小猴又拿了一只又红又大的桃子请小白兔吃,小白兔说:"谢谢!"小猴说:"不用谢!"

最后,小猴才拿了一个又红又大的桃子给自己吃。大象问小猴:"你为什么最后才吃呀?"小猴说:"又大又红的桃子应该客人吃。"

朋友们都说:"小猴真好!"

《小熊过桥》(中班)

一、活动目标

1. 欣赏儿歌,学习有节奏地朗诵儿歌。
2. 通过观察画面体会小熊过桥时的心情,并能用语言、表情或动作加以表达。
3. 体验与同伴共同表演的乐趣,懂得要相信自己,不事事依赖别人。

二、活动准备

1. 视频动画:《小熊过桥》。

2. 小熊、鲤鱼、乌鸦、流水头饰各1个,小熊玩具1个。

3. 自制小竹桥、小熊、鲤鱼、乌鸦、流水图片各1张。

三、活动过程

1. 师幼谈话,引出小竹桥的特征。

(1) 教师:"刚才我们在外面玩了走独木桥的游戏,你还走过一些什么样的桥呢?"

(2) 教师出示小竹桥图片,帮助幼儿用语言描述小竹桥的特征。"小竹桥看上去怎么样呢? 对,摇摇晃晃,感觉很危险。"

2. 幼儿欣赏教师有感情地朗诵儿歌第一段。

(1) 教师出示小熊玩具,模仿小熊声音,有感情地导入活动。

(2) 教师出示教学挂图并念儿歌。指图念儿歌时,注意两句一组(最后三句为一组)地念,念出儿歌的节奏和韵律。

3. 指导幼儿根据图片学习儿歌第一段。

(1) 教师根据幼儿的讲述出示相应的图片。

(2) 教师通过形象的图片启发幼儿体会小熊过桥时的心情,然后朗诵儿歌第一段,模仿小熊声音说:"妈妈,妈妈,快来呀! 快把小熊抱过桥。"

4. 欣赏教师有表情地朗诵儿歌第二段。

(1) 教师边出示图片边有表情地朗诵儿歌第二段。

(2) 幼儿学习朗诵:"小熊,小熊,不要怕,眼睛向着前面瞧。"

(3) 指图帮助幼儿学习朗诵:"一二三,走过桥,小熊过桥回头笑,鲤鱼乐的尾巴摇。你们瞧,小熊在妈妈的鼓励下,勇敢地走过了桥,我们为他鼓鼓掌。"

5. 配乐儿歌朗诵。

幼儿尝试用动作、表情表达自己对儿歌的理解。

6. 集体表演儿歌。

(1) 教师出示头饰,请四位幼儿分别扮演小熊、鲤鱼、乌鸦、流水,其他幼儿一起有节奏地念儿歌。"下面我请四位小朋友扮演不同的小动物,一起来念儿歌好不好呀?"

(2) 幼儿边念儿歌边完整地表演。教师随后播放配乐儿歌,提醒幼儿表演的速度与录音同步。"让我们一起跟着儿歌表演吧!"

四、活动延伸

把今天学的儿歌内容讲给爸爸、妈妈听一听。

五、活动点评

此语言活动有丰富的活动准备,同时通过倾听、表演和练习方式能使幼儿很好地理解儿歌中的故事以及复述诗歌。

《月亮》(大班)

一、活动目标

1. 欣赏诗歌,知道诗歌的内容。
2. 能根据月亮与环境的关系理解诗歌,尝试仿编诗歌。
3. 感受夜晚的美好、宁静。

二、活动准备

1. 物质准备:画纸、提前画好的图画、双面胶。
2. 经验准备:幼儿知道谁是月亮的好朋友。

三、活动过程

1. 谜语导入,激发兴趣。

师:有时像香蕉,有时像玉盘,每当天黑黑,亮亮挂天上。小朋友们觉得它是什么呀?(月亮)

师:我们今天一起来学习一首关于月亮的诗歌,老师先说一遍,小朋友要注意听,里面有什么,待会儿我会提问,看看哪些小朋友听得最仔细。

2. 幼儿第一遍欣赏诗歌。

师:诗歌里面有谁呢?我们是在什么地方看见月亮的呢?

小朋友们都找到了,现在让我们一起再来看看都有哪些地方月亮是被看见的?

3. 出示幻灯片,朗诵诗歌,通过欣赏画面帮助幼儿理解诗歌。

教师出示挂图,引导幼儿欣赏画面,边倾听教师朗诵诗歌。

师:你们在哪里看见过月亮?月亮怎么会挂在树梢上?为什么说"挂"呢?(教师解释,因为树比人高,月亮比树高,所以我们站在地上看月亮的时候,就会觉得月亮挂在了树梢上。)

为什么小鸟说月亮和他是好朋友?为什么说每一弯池塘"漂"一个月亮?青蛙为什么说月亮和他是好朋友?(让幼儿集体理解"漂"的含义,因为月亮的影子是浮在水面上的,所以用"漂"来说水中的月亮。)

4. 老师配上动作,再次完整朗诵诗歌。

师:请小朋友们都起立,跟着幻灯片,和老师一起说、一起做,待会儿请小朋友到前面来表演。

5. 教师示范仿编,请小朋友仿编。

师:那月亮还和谁好呢?你们知道吗?我们猜一猜。

师:老师先猜一猜。

每一片天空,挂一个月亮,星星说:月亮和我好。

每一个花园,挂一个月亮,月季说:月亮和我好。

师:老师找到的月亮在天空和花园里,那你们呢?小朋友有没有找到,找到的小朋友可以举手告诉大家。

师:请小朋友们想一想,回家说给爸爸妈妈想一想,然后我们明天来幼儿园的时候大家一起交流,说一说你们发现月亮藏在哪儿,它又和谁好呢?如果小朋友能画一画那就更棒了。(老师分发提前准备的纸)

四、活动延伸

画一幅你想到的月亮和它的好朋友。

五、活动评价

此次活动运用多媒体技术手段,将视听形象与语言结合,把看、听、说统一起来,幼儿更容易理解。而且通过仿编,幼儿大胆想象,大胆表现,其情感和行为都能朝着积极的价值取向去发展。

第三节 社会领域模拟授课案例

《爷爷奶奶您辛苦了》(小班)

一、活动目标

1. 初步了解重阳节是爷爷奶奶们的老人节日。
2. 逐步形成关心爷爷奶奶的意识,乐意为爷爷奶奶们做一些力所能及的事。
3. 喜欢爷爷奶奶,学会表达爱爷爷奶奶的情感。

二、活动准备

多媒体课件。

三、活动过程

1. 说说重阳节

(1) 了解重阳节的来历。

师:小朋友们,你们知道农历的九月初九是谁的节日吗?

小结:九月九日是重阳节,也叫"老人节",是爷爷奶奶、姥姥姥爷的节日。

(2) 播放课件,观察分析重阳节的一般风俗。

2. 发表感言

师:九月九日是爷爷奶奶的节日,我们可以为爷爷奶奶做些什么事?

幼:我想对爷爷奶奶说句贴心话。

3. 学习儿歌《九月九》

九月九,重阳到,爷爷奶奶/姥爷姥姥哈哈笑,我请他们吃甜糕,妈妈/爸爸夸我好宝宝。

四、活动延伸

回家后,为爷爷奶奶做一件有意义的小事情,如:为爷爷奶奶捶捶背、为爷爷奶奶扫扫地、为爷爷奶奶讲故事等。

《交通规则我知道》(中班)

一、活动目标

1. 了解行人在马路上应该遵守的交通规则。
2. 树立初步的安全意识,能正确辨别交通行为的对与错。
3. 体验做一名文明守则的行人的自豪感。

二、活动准备

1. 小兔过马路故事的视频动画。
2. 红绿灯标志。
3. 模拟游戏的道具(如:红绿灯牌、小哨子、交警帽、罚单)。
4. 幼儿与成人有一起外出的经历。

三、活动过程

1. 图片导入,激起幼儿兴趣

(1)师:小朋友们,大家好!今天老师带来了几张有趣的图片,你们想不想看呀?(想)

(2)师:嗯,那我们小朋友要睁大我们的小眼睛,仔细地看看图片里到底发生了什么。(教师出示图片,并加以讲述图片的内容。)

图1:小兔子拎着菜篮子准备回家。

(图1)

图2:可她走到了十字路后,没有走斑马线,也没有等红绿灯,自顾自地向前走去,突然来了一辆车,小兔子被吓着跌倒了,一直在哭。

（图2）

图3：大熊交警来到了小兔的身边，告诉了小兔它的错误，并将小兔扶了起来，送回了家中了。

（图3）

2. 基础部分：边看图片边讨论

（1）出示图1内容，进行提问。

师：图片里是谁呀？（小兔）小兔在做什么呢？（拎着菜篮子买菜，走路）

师：我们看到了小兔子拎着个菜篮子在马路上走路呢，我们接着往下看。

（2）出示图2内容，进行提问，幼儿讨论。

师：小兔子怎么坐在马路上哭呢？（差点被车撞到）小兔走得好好的怎么会差点被车撞到呢？我们一起开动我们的小脑筋，再仔细地观察这幅图，互相讨论，告诉老师你们的想法。（提出问题，让幼儿带着问题去看图，讨论过后，依次请幼儿回答。）

师：我们小兔子在过十字路口的时候，没有走斑马线，而且最关键的是这么危险的十字路口，我们小兔子还不看红绿灯行走，这可真是太危险了。

师：我们小朋友能像小兔子那样做吗？（不能这样做，太危险）

（3）出示图3，进行经验性总结。

师：谁来了？（大熊交警）你觉得我们大熊交警会和小兔子说些什么呢？请幼儿模

仿回答。（根据自己的生活经验）

（请个别幼儿模仿大熊过后，教师以大熊交警的口吻说出对小兔子的话。）

师：我们小朋友以后和爸爸妈妈一起过马路时，一定要走在斑马线上，过十字路口的时候，要看清红绿灯，红灯停，绿灯行！

（4）以对话回答的方式加深幼儿对交通规则的印象。

教师带领幼儿加上动作再次复述一遍。

师：走路要走？

幼：人行道。

师：过马路要走？

幼：斑马线。

师：红灯？

幼：停。

……

3. 情境游戏，加强认识

教师创设一个过马路的情形，教师先扮演交警，幼儿扮演过路人，当教师拿出红灯牌标志并喊出"红灯停"时，幼儿要停止向前行走，如若有幼儿依旧前行时，可贴出一张罚单，积满三次罚单将会被淘汰。当教师拿出绿灯牌时，幼儿可继续向前行走。

在游戏过程中要注意让幼儿走在斑马线上，离开斑马线时要知道靠右行走。游戏时幼儿要注意前后距离，不拥挤。

四、活动延伸

师：今天，我们玩得可真开心，知道了那么多的交通规则，一个个都是文明小路人！老师今天给你们布置一个小任务，回家后和爸爸妈妈一起分享这个好玩的游戏，看看你们的爸爸妈妈是不是也和你们一样，是个遵守交通规则的文明小路人。

五、活动评价

1. 在活动中，要给幼儿强调安全意识，特别要注意不能让幼儿一人独自外出在马路上嬉戏打闹。

2. 在游戏过程中，变红绿灯时要注意时间的长短。

《水为什么变脏了》（大班）

一、活动目标

1. 认识水的有关性质及水的用途。

2. 初步感受水污染的危害，知道河水变脏的一些主要原因。

3. 通过学习活动，逐步树立保护水资源的意识，并初步形成保护水资源的日常行动。

二、活动准备

1. 清水、脏水各一杯,一些透明的盛水器皿,泥沙少许。

2. 有关"水的用途""水污染的原因"的图片,视频多个。

3. 课前与父母讨论有关河水变脏的原因,可能的话请父母带领幼儿观察居住地的河流、池塘的水质。

三、活动过程

1. 出示清水,分析水的特性。

(1) 通过师生对话,引导幼儿分别用眼睛、鼻子、嘴和手来感知水并描述自己的感觉。

(2) 根据幼儿的各种描述,教师补充完善,共同发现水的特性:水是透明无色、无味的液体,会到处流动,因而没有固定的形状。

2. 联系生活实际,说说水的用途。

(1) 组织幼儿讨论水有哪些用途,启发幼儿想想在我们的日常生活中能否缺少水,除了人类以外,地球上的其他生命——动物、植物需不需要水。鼓励幼儿大胆地讲述水的各种用途,如饮用、洗手、洗衣服、浇花、灭火等。

(2) 出示图片和播放视频,帮助幼儿归纳出水的一些用途。然后教师同小朋友们一起总结:水是地球上一种非常重要的物质。如果说地球是妈妈,水就好像是妈妈的乳汁,它哺育着地球上的所有人、所有动物以及所有植物。假如没有了水,我们人会渴死,动物和植物也将会死亡,地球会变成一个荒凉的大沙球。可以说,没有水就没有生命。

3. 出示脏水,分析水污染的危害。

(1) 引导幼儿观察脏水与清水有什么不同,说说自己对脏水的观感。

(2) 教师与小朋友们一起分析脏水的特点:江河受到人类的污染,水就成了脏水。有时脏水的颜色黑乎乎的,还有一股刺鼻的臭味,技术人员会将水取样进行化验,还发现水里充满各种病菌和有毒物质;有时尽管脏水的颜色没有发生变化,但是水里已含有我们肉眼看不见的病毒。

(3) 通过观看图片和视频资料,组织幼儿讨论脏水的危害,引导幼儿说出各自的看法。如"我们人喝了脏水会怎么样?""脏水可以浇花、养鱼吗?"从而让幼儿认识到人类保护水资源的重要性,自觉增强保护意识。

(4) 教师总结:当今全世界包括我国水污染非常严重。全世界每年大约两万多人因喝了脏水而死去。有人住在大河边却没有干净的水喝,没有鲜鱼活虾吃,也无法用干净的水浇灌农作物,因为河里流淌的是黑乎乎的臭水。

师:为什么江河里的水会被污染变脏呢?

4. 讨论水污染的主要原因。

出示图片和视频,引导小朋友们分析江河受污染的主要原因:

(1) 工业废水:这是最严重的污染源。一些造纸厂、化工厂、印染厂、钢铁厂在生产过程中产生大量污水和废水,如果不经过一定处理,直接排入江河中,时间长了,就自然会影响江河的水质。

(2)生活污水:每个家庭每天会有很多污水产生,如洗澡水、洗衣水、粪便水,这些污水流入江河,也会使江河里的水质变差。

(3)生活垃圾:一些人把江河当成大垃圾桶,把各种各样的生活垃圾随意地倾倒进江河里,把江河水搞脏搞臭。

(4)化肥和农药:农田若施用了过量的化肥和农药,残余的农药和化肥会经过雨水冲刷流入江河。

(5)森林砍伐:江河两岸的树木被大量砍伐后,岸上的泥沙会毫无遮拦地流入江河,使河水变浑。

5. 讨论保护江河的方法。

(1)引导幼儿根据水污染的主要原因商讨保护江河的一些措施。

(2)总结一些保护江河的做法,要求幼儿背诵记忆,并在日常生活中立即行动起来,比如:节约用水,一水多用;爱护花草树木;垃圾分类处理;建议父母使用无磷洗衣粉等。

四、活动延伸

开展"护水小卫士"竞赛活动。

第四节 科学领域模拟授课案例

《有趣的肥皂》(小班)

一、活动目标

1. 初步认识肥皂的外形特征,知道它的一些用途。
2. 会大胆地说出自己的发现,并乐于与同伴进行交流。
3. 乐意动手操作,在操作中享受活动的快乐。

二、活动准备

1. 积累一些吹泡泡的感受与经验。
2. 请家长配合收集各种各样的肥皂并制作成肥皂水,擦手的湿手巾若干条,盛水的大水盆若干,礼品袋1个,音乐《我爱洗澡》等。

三、活动过程

1. 播放音乐《我爱洗澡》,老师与幼儿边做洗澡动作边进入活动室。
2. 运用多种感官感知肥皂的外形特征,引导幼儿观察肥皂的形状、颜色和气味。

(1)出示礼品袋,通过闻袋中气味引出活动主题。

师：今天老师给小朋友们带来了许多的礼物,礼物都藏在这个袋子里了。你们闻一闻,猜一猜会是什么东西呢?

(2)出示各种各样的肥皂,引导幼儿观察。

教师把各种肥皂摆放在桌子上供幼儿自由观察,请幼儿摸一摸、看一看、闻一闻、说一说。

引导幼儿仔细观察肥皂的形状、颜色、气味,鼓励幼儿大胆说出自己的感受和发现。

师：肥皂有各种各样的颜色,它们形状也不一样,还有不同的气味、肥皂真有趣。

3. 感知肥皂遇水后的变化。

师：告诉你们一个秘密,肥皂宝宝有一个朋友,你们知道是什么吗? 是水宝宝,他也想跟肥皂宝宝玩游戏呢。我们等会儿去玩的时候你看看会发生什么呢?

(1)操作前提出要求：先将袖子挽起来,玩肥皂的时候注意不要把水撒到身上和地上。

(2)将幼儿分成若干组,每组一盆水和几块肥皂。教师引导幼儿在玩中发现肥皂遇水后的变化：肥皂在水中很滑,用手搓能产生泡沫,能溶在水里,能使脏东西变干净。

(3)引导幼儿交流分享,用较完整的语言讲述肥皂遇水后的变化。

4. 了解肥皂的用途。

(1)请幼儿洗手后观察(看、闻)自己手的变化。

(2)了解肥皂的用途。

5. 幼儿自由吹泡泡。

幼儿用教师自制的肥皂水吹泡泡,感受吹泡泡的乐趣。

四、活动延伸

回家后,和爸爸、妈妈再做一次吹泡泡游戏,你有什么新发现?

《搭梯形》(中班)

一、活动目标

1. 感受梯形的多样性,进一步认识梯形的基本特征。
2. 能在众多图形中找出梯形。
3. 学习拼搭梯形的多种方式。

二、活动准备

1. 教学挂图：直角梯形、等腰梯形、不等腰梯形、不规则四边形。
2. 幼儿用书中"给梯形涂色"的操作材料,彩色水笔人手1支,长短不同的牙签或小棒若干。

三、活动过程

1. 巩固对梯形的认识

师：小朋友们,上次活动我们认识了梯形,谁来说说什么样的图形是梯形呢?

教师出示图示斜放、倒放、竖放的图片,引导幼儿观察。

师:这里的图形都是梯形吗?

引导幼儿运用对梯形的一致经验进行验证。

教师手指直角梯形问幼儿:这是不是梯形?你从哪里看出它不是(是)梯形的?它有没有两条平平的边?在哪里?还有两条边是什么样?它是不是梯形?

师:有两条对着的边是平平的,另外两条对着的边中有一条是斜边的也是梯形。

2. 幼儿操作

师:请小朋友们分成六组,进行小组合作。

(1)第一组、第二组:给梯形涂色。(幼儿用书)

师:请小朋友在这些图画中找出梯形,并给它们涂上美丽的颜色。

(2)第三组、第四组:搭梯形。

师:请小朋友用小棒搭出梯形来。

(3)第五组、第六组:填一填。(幼儿用书)

师:请小朋友看看葫芦身上的点子是按什么顺序排列的,请你给空的葫芦填上合适的点子。

3. 展示与交流

教师展示个别幼儿给梯形涂色的操作单,并引导幼儿进行集体验证。

师:涂上颜色的图形都是梯形吗?你从什么地方看出它们都是(不是)梯形的?

教师引导幼儿总结梯形的主要特征,师幼一起欣赏用小棒拼搭的梯形。

四、活动延伸

回家后,与自己的爸爸、妈妈一起玩搭梯形的游戏,并把过程记录下来,回园后同小朋友们分享。

五、活动点评

科学活动中能够注重幼儿的自主操作能动性,用引导的话语让幼儿认识梯形的基本特征,其中再加入些许游戏环节会更有趣。

《认识时钟》(大班)

一、活动目标

1. 了解时钟的结构及分钟、时针的运行规律。
2. 学会看整点和半点,发展逻辑思维能力。
3. 珍惜时间,养成按时作息的好习惯。

二、活动准备

1. 幼儿人手一份硬纸片钟。
2. 实物钟。

三、活动过程

1. 闹铃导入,激发幼儿的兴趣

(1)教师调响闹铃引入

师:你们猜猜是什么声音?(闹钟的声音)

师:家里的闹钟有哪些形状的?家里还有哪些钟?它们是干嘛的?(钟可以提醒人们什么时候做什么工作?)

(2)简单认识钟

师:今天老师带来一个钟,你们看看老师这个钟上面有什么?(幼儿自由回答)

师:有两根针和 12 个数字。那知道了长的是分针,短的是时针了,我们再来仔细观察数字的位置。

教师总结:12 在正上方,6 在正下方,9 在左边,3 在右边。

2. 时针、分针赛跑,引导幼儿感知时针、分针的运转规律

师:今天,时针和分针准备比赛跑步了(教师拨动分针)

师:他们谁跑得快?

师:你们发现什么规律了吗?老师再让他们跑一次,发现了吗?你们也动手拨拨自己的针看看?谁来说?

教师总结:分针走一圈,时针走一格,这就是一小时。

3. 认识整点和半点

(1)师:今天我们要学会看整点和半点。那怎么看呢?

师:当分针指向 12 时,时针停在哪里就是几点。小朋友试试看,将钟调到小朋友起床 7 点的时候。

师:要注意调的方向是顺时针的,把手拿出来画一画。

师:对的,是数字小的向数字大的方向。

(2)师:那半点是什么呢?就是整点的时候,小朋友再将分针转半圈,停在 6 的上面,叫作几点半,那 6 点再次分针转半圈就叫 6 点半。

4. 幼儿操作,全体练习

(1)师:下面老师说到几点,小朋友就将自己的钟调到几点,看看谁调的最准确。

(2)师:下面老师说做什么事,小朋友就将自己的钟调到自己做这件事的时间,并大声地告诉其他小朋友你调的几点,是整点还是半点。

四、活动延伸

回家和爸爸妈妈做调时间的游戏,看看谁的最准确。

五、活动评价

整个活动寓知识性、科学性、趣味性于一体,幼儿在动静交替的活动中积极主动地学习,并获得成功的喜悦,活动气氛活跃,效果好。

第五节　艺术领域模拟授课案例

《颜色小精灵》(小班美术)

一、活动目标

1. 通过音乐游戏活动,进一步巩固对红、黄、蓝三种颜色的认识。
2. 选择自己喜欢的颜色进行涂刷游戏,锻炼幼儿们小肌肉的灵活性。
3. 通过尝试探索、交流欣赏,体验美术活动的乐趣。

二、活动准备

1. 多媒体课件、《小手拍拍》音乐、红黄蓝三种颜料、颜料盘、刷子每人一个、抹布、用白色油画棒画有各种图案的纸、纸板夹、展板一个。
2. 红、黄、蓝三种颜色的认识准备。

三、活动过程

1. 活动导入

听音乐《小手拍拍》和老师一起做律动。

师:刚刚我们的小手小脚做了运动,那老师要考考你们了,你们的小手会做什么?

幼1:吃饭。

幼2:画画。

幼3:擦地。

师:你们的小手可真能干,老师的小手更加神奇,不但能吃饭、擦地,还会变魔术呢!想不想看老师变魔术。

全体幼儿:想。

师:小朋友的眼睛仔细看哟,现在大屏幕上什么也没有,我的手轻轻一点,变出了什么?

幼儿:颜色小精灵。

师:你们想和我学习魔术吗?

只要每个小朋友与老师击下掌,你的小手就会有魔力,也能在大屏幕上变出小精灵来。(引导幼儿积极踊跃地来点触大屏幕寻找精灵宝宝)

2. 巩固对色彩的认识

师:谁来试一试看,老师把手上的魔力传给你,你一定能做到。(教师和幼儿击掌后,引导幼儿用食指去点触大屏幕)

师:你变出了哪个小精灵?

幼:蓝色的裙子。

师:还有谁想来试一试?(再一次邀请幼儿来试一试)

幼:蓝色的小汽车。(教师反复邀请幼儿来试一试)

幼:变出了黄色的鸭梨。(幼儿逐一去点触大屏,幼儿一起说一说变出的小精灵的名字和颜色)

师:小朋友们可真能干,这么快就学会了,变出了这么多的颜色小精灵。老师还会好多的魔术呢,还想不想看老师变魔术?

师:看,这有一张白纸,我还可以在白纸上变出小精灵呢!你们信不信?

幼:信。

师:那就一起来看我是怎么样在白纸上变出颜色小精灵的。

3. 学习技能

(1) 教师示范涂刷技法

师:小朋友们请看,怎样在白纸上变出小精灵呢!我要借助一个工具——小刷子。小刷子,真淘气,红色水里蘸一蘸,舔一舔,来到纸上刷刷刷,从上开始刷,从左向右刷,变出一个小精灵。

幼:它是什么颜色的?

师:现在魔术变完了,老师要把小刷子放回盘中,再用抹布把弄到桌子上的颜料擦干净。

师:小朋友们,你们学会了吗?

幼:学会了。

师:那你们也快来试一试吧?

师:看看你们能变出哪个精灵宝宝。

(2) 幼儿尝试操作

幼儿自由结组操作。教师提示幼儿使用材料的方法并注意卫生。(颜料不要蘸太多,记得在调色盘边舔一舔)

(3) 大屏幕上投放涂刷的过程图片

教师指导并不断提醒幼儿:这边刷到那一边,一定要把纸刷满颜色。

4. 作品展示

(1) 互相欣赏作品

师:请小朋友们互相说一说变出了什么?(幼儿边涂刷边自由交流)

(2) 张贴作品

师:请幼儿把变出的小精灵贴到展板上。(教师协助幼儿把小精灵贴到展板上,按颜色分类展示作品)

5. 活动结束

师:你们的小手可真能干,这么快就学会变魔术,而且还变出了这么多的小精灵,让我们和小精灵们一起来问好吧!(播放音乐《你好》,大屏幕上出现小精灵,幼儿和教师一起走出活动室)

四、活动延伸

小朋友们今天学会了变魔术——颜色小精灵,回家后,把今天学到的本领向爸爸、妈妈展示一下。

《我和小猪》(小班音乐)

一、活动目标

1. 通过对画面有序的观察,初步培养阅读的兴趣。
2. 学说故事中有关"小猪"的象声词,体验模仿表演的快乐。
3. 在观察理解画面的基础上能对故事情节进行大胆描述。

二、活动准备

1. 多媒体课件。
2. 小图书人手一本。
3. 一杯温水。

三、活动过程

1. 卡通视频引题,激发幼儿兴趣。

(1) 多媒体展示"小猪"形象,引导小朋友们与小猪问好。

(2) "你喜欢小猪吗?为什么喜欢小猪?"启发小朋友们结合生活经验讲述。

(3) 师:我为什么喜欢小猪呢?

幼:因为小猪长得非常可爱。

2. 观察画面,分享阅读经验。

(1) 师:有个小男孩叫鲁尼,他和小猪一样可爱,你知道画面上哪个是鲁尼?鲁尼和小猪那些地方长得比较像?(引导小朋友们观察鲁尼和小猪的形象)

(2) 师:鲁尼和小猪在干什么?说说睡觉的时候会发出什么声音?

幼:呼噜呼噜的声音。

(3) 师:鲁尼和小猪又在干什么?模仿小猪和鲁尼吃饭的样子,说说吃饭的时候又会发出什么声音?

幼:啊呜啊呜的声音。

师:小朋友你们渴了的时候会做什么?我讲了这么多有点渴了,我要喝水了,你们仔细听会发出什么声音?

(4) 师:请看鲁尼和小猪正在喝水呢!我们也一起来学喝水的样子。它们喝水时候会发出怎样的声音?(小朋友们思考后回答)

幼:咕咚咕咚的声音。

3. 亲子阅读,加深故事的理解。

(1) 小朋友们各自找到自己的家长,家长抱着自己的孩子。

(2) 提醒家长尽量让幼儿自己一页一页地翻看图书。

(3) 边看边用自己的语言向家长表达自己的理解。

4. 模仿小猪,训练讲述。

(1) 小猪真可爱,让我们一起来学学小猪吧。

(2) 幼儿边唱边模仿小猪,并让幼儿结合自己的生活经验进行讲述。

(在观察图片的基础上进行讲述、在边表演边学说中练习句型、变换呈现方式学说句型。)

四、活动延伸

1. 继续亲子阅读,让家长和孩子再一次感受阅读的乐趣。

2. 在音乐声中再次感受小猪的可爱,让阅读延续。

《这是小兵》(小班舞蹈)

一、活动目标

1. 初步感知歌曲,体会歌曲雄壮有力的特点。

2. 在体验歌曲特点的基础上,依据歌词尝试创编各种动作。

3. 能情绪饱满、动作有力、合拍地进行表演,不断激发向解放军叔叔学习的愿望。

二、活动准备

1. 红色五角星头饰若干。

2. 多媒体课件、录音机、音乐磁带等。

三、活动过程

1. 创设情境,激发兴趣

(1) 师:你们喜欢解放军叔叔吗?解放军叔叔都有什么样的本领?他们是怎样做的?

(2) 游戏"这是小兵":小朋友们头戴"军帽",教师整队并发出口令,同他们一起随着音乐有节奏的模仿解放军的各种动作进入活动场地,激发幼儿参与活动的兴趣。

2. 展示课件,尝试表演

(1) 引导幼儿进行模仿表演。

师:刚才小朋友都模仿解放军叔叔做哪些动作?(将歌词内容串起来引导幼儿按歌曲节奏边说歌词边表演)

(2) 启发幼儿表现歌曲特点

师:解放军叔叔面对敌人他们害怕吗?(幼儿回答后)

师:他们很勇敢,我们应该向解放军叔叔学习,不怕困难,做一个勇敢的孩子!那我们怎样表现他们很勇敢呢?(引导幼儿用各种有力动作来表现解放军的勇敢与威武)

3. 自由创编,交流表演

(1) 启发幼儿进行自由创编,逐步过渡到随音乐合拍地做动作。

师:解放军叔叔还用什么武器进行作战?他们怎样做的?

带领幼儿根据创编的动作进行完整表演,并引导幼儿能动作有力、精神饱满的表现舞蹈。

(2)采用不同形式进行反复练习:如个别表演,分男兵、女兵上前"操练",同时鼓励幼儿相互进行评价。

四、活动延伸

师:小兵们表现得真棒!走,咱们一起到操场上练练吧!

《我的脸》(中班美术)

一、活动目标

1. 尝试用撕、剪、贴、画等多种形式,制作出自己的头像。
2. 边设计制作边摆放调整,创造出不同的人物五官、发型。

二、活动准备

1. 纸盘、彩色毛线、彩色蜡光纸、彩色皱纹纸、胶水(或者双面胶)、剪刀、铅笔每组若干,水彩笔人手1盒。
2. 纸盘娃娃范例3~5个。
3. 幼儿用书《我的脸》。

三、活动过程

1. 欣赏教师制作的纸盘娃娃范例或幼儿用书上的图片。

(1)引导幼儿欣赏纸盘娃娃的发型。

师:你觉得这些小娃娃最有意思的地方是什么?他们的脸是用什么做的?先看一看他们的头发有什么不一样?又是用什么做的?怎么做出来的?(引导幼儿围绕材料、发型、制作方法进行讨论)

师:你最喜欢哪一种发型?

(2)引导幼儿欣赏纸盘娃娃的五官。

师:看看这些纸盘娃娃有哪些表情?你是怎么看出来的?娃娃的五官是怎么制作出来的?

(3)引导幼儿欣赏纸盘娃娃的装饰。

师:这些娃娃很漂亮!瞧,他们有的打领带,有的带蝴蝶结。

2. 教师介绍操作材料。

师:谁来说一说,桌子上都有哪些材料?

师幼小结:彩色蜡光纸、彩色皱纹纸可以先撕、剪,然后贴,或者先画再剪。毛线可以剪、扎、编。

3. 幼儿边设计制作,边摆放调整,尝试创造各种任务的五官、发型。

师:"你的脸是什么样子的?什么发型?请你选任何一种你喜欢的材料来打扮。比一比,谁的脸最有意思,谁最会使用这些材料。"

引导幼儿一边设计制作发型、五官,一边摆放调整,然后再粘贴固定。

师:"在设计和制作时,可以先将做好的发型、五官在纸盘上放一放、摆一摆,自己觉得满意了再粘贴。"鼓励幼儿耐心、细致地进行操作,并注意将废纸屑丢入篓内。

师:"接下来请发挥你的想象力,利用这些废旧纸杯做出更漂亮的花。不过,操作时用剪刀一定要注意安全,当心别把手弄破!"

4. 相互欣赏作品。

引导幼儿介绍自己纸盘头像的特点,说一说同伴做的头像最有意思的地方。

四、活动延伸

把今天做的头像带回家,与自己的爸爸、妈妈分享并讲述你是如何制作的?

五、活动点评

通常此主题都是用绘画的方式呈现,而此活动用手工的方式呈现,别致新颖。多种方式呈现不一样的"脸",可在活动结束后,将作品展示在美工区。

《树叶》(中班音乐)

一、活动目标

1. 通过学习活动,初步会唱歌曲《树叶》。
2. 通过模仿表演的方式表达对音乐的感受。

二、活动准备

1. 组织幼儿现场感受叶子从树上飘落的情景。
2. 红、黄、绿三种树叶,相应的筐子、树叶头饰。
3. 多媒体课件、音乐视频等。

三、活动过程

1. 欣赏歌曲,模仿树叶飘落

(1) 小朋友们戴上树叶头饰,同时播放《树叶》歌曲,模仿树叶随风飘散到教室。

(2) 教师启发幼儿在欣赏歌曲的基础上表演出树叶飘来飘去的感觉。(重点是鼓励幼儿发挥想象、大胆创新,做出与其他幼儿不一样的表演动作)

2. 欣赏歌词,感受树叶飘落的优美场景

(1) 在歌曲的背景音乐中,学习散文诗《我是一片树叶》,体会歌词中树叶飘动情景。

(2) 师幼一起有感情地朗诵歌词。

3. 学唱歌曲,体验音乐节奏的优美

(1) 教师带领幼儿分段学唱歌曲。(重点引导小朋友们学会在句与句之间提气、换气的技巧)

(2) 教师请幼儿分小组进行歌曲表演,巩固所学歌曲。(个别提问:"你唱这首歌曲时有什么感觉?"重点启发小朋友们思考用怎样的声音演唱出"秋风吹落我呀,飘呀飘呀飘"。)

4. 游戏:送小树叶回家

请孩子们一人选一片树叶,边唱边模仿树叶飘落的姿态飞来飞去。歌曲结束时,将自己手中的树叶按颜色送到对应的筐中。

四、活动延伸

教学活动结束后,组织孩子们在表演区里进行自由的歌表演或玩律动游戏。

附歌曲:《树叶》

1=C 2/4

1 2 3 4 | 3 2 1 | 5 6 5 6 | 5 — | 5 6 5 4 |

我 是 一 片 树 叶, 一 片 树 叶。秋 风 吹 落

3 1 | 2 3 2 3 | 2 — | 1 2 3 4 | 3 2 1 |

我 呀, 飘 呀 飘 呀 飘。一 片 一 片 树 叶,

5 6 6 | 6 — | 5 6 5 4 | 3 1 | 2 4 3 2 | 1 — ‖

吹 在 一 起, 变 成 许 多 树 叶, 许 多 树 叶。

《跳舞的树叶》(中班舞蹈)

一、活动目标

1. 了解歌曲内容,体会巴赫《小步舞曲》的优美旋律,初步会唱歌曲《跳舞的树叶》。
2. 能用肢体动作表现树叶随风飘舞的姿态,感受与同伴共舞的喜悦。

二、活动准备

1. 动画视频、歌曲 CD。
2. 树叶手偶每人一份。

三、活动过程

1. 倾听乐曲,感受旋律

(1) 引导幼儿说一说对音乐的感觉。

师:小朋友,听了这首乐曲,你有什么感觉?请跟其他小朋友们说一说。

(2) 随音乐旋律幼儿自由快乐地舞动身体。

师:你们觉得小树叶在做什么呢?让我们一起听着音乐学学小树叶随风摆动的样子吧!

2. 聆听歌词,学唱歌曲

(1) 播放歌曲《跳舞的树叶》,幼儿安静地倾听。

(2) 引导幼儿说出歌词内容,组织谈论自己对歌曲的感受。

(3) 播放视频动画,观看欣赏。

(4) 请小朋友们说一说在动画里看到了什么、听到了什么,小树叶在干什么?它们是怎么跳舞的?

(5) 再次完整欣赏动画一遍,让幼儿充分感受歌曲旋律的优美。

3. 肢体探索,表现歌曲

(1) 尝试树叶随风舞动的姿态。

师:如果你是一片树叶,你会怎么在空中舞蹈?除了刚才已经做过的动作,还可以用什么动作来表现树叶的随风飘舞呢?

(2) 在歌曲伴奏下完整表现树叶飞舞的姿态和动作。

4. 角色表演,交流提升。

(1) 师:小树叶跳舞跳得那么好看,小朋友们想不想也来做一片能跳舞的树叶宝宝呀?

(2) 请幼儿取出两片树叶手偶套在手上,引导幼儿想象一下小树叶随风飘舞的动作,鼓励幼儿勇敢地表现。

(3) 选择表现力比较好的幼儿上来展示自己的动作,同其他幼儿分享与交流。

(4) 播放歌曲,将幼儿练习的动作连贯在一起完整表演一次。

(5) 鼓励幼儿两两结伴大胆舞动自己的身体表演歌曲一遍,体验与同伴共舞的喜悦。然后幼儿随歌曲边跳边离开活动室。

四、活动延伸

在户外活动中,继续利用相关歌曲旋律,组织幼儿模仿小树叶宝宝,创设各种舞蹈动作。

《美丽的海底世界》(大班美术)

一、活动目标

1. 通过欣赏、讨论,感知海底生物的外形特征和丰富的色彩。
2. 能用多种工具、材料,运用不同的表现手法表现海底世界。
3. 细心创作,大胆想象,体验活动带来的乐趣。

二、活动准备

1. 《海底世界》视频、背景音乐、蓝色颜料、油画棒、大张画纸、桌布、围裙。
2. 画有海底水草的背景图若干张。

三、活动过程

1. 观赏视频《海底世界》,引导幼儿感知海底动物的多样性和不同的外部特征。

(1) 师:今天我们来到了海底世界,我们一起来看看,在美丽的海底都有些什么呢?

(2) 观看视频,通过提问,引导幼儿感知各种动物的不同外部特征。(外形、花纹、颜色的不同)

师:海底都有些什么?海底里有这么多的动物,它们长得一样吗?哪儿不一样?

师幼小结:大海里动物的种类很多,每种动物的外形、颜色、花纹都不一样。

2. 创设情境,激发幼儿绘画的兴趣。

(1)(创设没有鱼的大海情境)海底世界好热闹,可是你们看,这片大海静悄悄,什么动物都没有,大海妈妈好孤单。你们有什么好办法来帮帮大海妈妈,让这片大海也热闹起来吗?

(2)请个别幼儿说一说:海底世界里你最喜欢画什么?你想怎么画?

(3)教师明确要求,引导幼儿大胆想象,细心创作。

(4)幼儿按意愿分组创作,教师巡回指导。

3. 作品展示,分享快乐。

幼儿自由欣赏。

师:哎呀,现在的大海好热闹呀,我们来看看,哪些动物身上的色彩最漂亮?为什么?哪些动物身上的花纹最特别?为什么?

四、活动延伸

请小朋友们把今天画的海底世界带回家讲给爸爸妈妈听一听。

五、活动反思

选择的内容符合幼儿的兴趣,神秘的海底世界能给幼儿带来无限的遐想,给予充分的机会让幼儿自由作画。唯一不足的是活动分配时间不够合理,活动结束部分过于仓促。

《快乐的小闹钟》(大班音乐)

一、活动目标

1. 能倾听音乐,感知闹钟指针摆动三拍后会出现闹铃响的规律。
2. 会用乐器演奏音乐中闹钟指针摆动的声音和闹铃响的声音。
3. 在音乐活动中感受音乐带来的快乐情绪。

二、活动准备

1. 小闹钟一个,上课所需的音乐、乐器。
2. 响筒、手摇铃,用废旧物制作的音乐图谱。
3. 小手和电话线。

三、活动过程

1. 播放音乐,进入活动室

师:小朋友们,让我们听着音乐一起快乐地跳舞吧!

2. 出示小闹钟,引出活动内容

(在幼儿刚坐稳时,小闹钟开始发出响声)师:咦?这是什么东西发出了响声啊?

师:原来是调皮小闹钟,看看小闹钟里都有些什么?(引出指针)

师:让我们听一听小闹钟的指针摆动的声音吧?(播放音乐)

(1)感知小闹钟摆动的样子。

师:小闹钟的指针在摆动的时候会发出嗒嗒嗒的声音,谁来用身体动作来模仿一下小闹钟的指针是怎样摆动并发出摆动的声音?(幼儿自由想象、尝试模仿)

师:现在我们站起来,模仿一下小闹钟的指针摆动的样子吧!谁做得好我就学做他的动作。(播放音乐)

(2)小闹钟对我们有什么帮助呢?

师:小闹钟的指针会嗒嗒嗒地摆动,叮铃铃想起来了,它会帮助我们做什么呢?

幼:能帮助我们按时起床,上幼儿园不迟到。

3. 听音乐,进行节奏训练

(1)倾听音乐,感知音乐节奏。

师:今天老师带来了一首很好听的音乐,下面大家就来认真的听一听吧。(播放音乐)

师:小朋友们,在刚才的这段音乐中你都听见了哪些不同的声音?(引导幼儿说出有小闹钟的指针在摆动的"嗒嗒"声和小闹铃"叮铃响"的声音)

师:小闹钟的指针摆动几次后我们听见了闹铃叮铃响的声音?

师:孩子们来看看这个很有趣的图谱吧!在这个图谱中大家会找到答案。图谱中有一个可爱的小手,它表示小闹钟指针在摆动的声音,小朋友们也拍一下手表示,它可以表示小闹铃叮铃响的声音,看到这个图时将双手举高抖动一下,让我们来听着音乐,打打节奏试一试,就能从中找到答案了。(播放音乐)

师:孩子们仔细观察一下,看小闹钟的指针到底是摆动了几次后才会发出叮铃响的声音呢?

(2)看图谱,用身体做节奏练习。

师:对,是小闹钟的指针摆动了三次后发出的声音,那我们能不能用身体做动作来表现出小闹钟和小闹铃的声音呢?谁来试一试?

师:小朋友们做得真好!来表扬表扬自己吧!

4. 出示乐器,进行演奏

(1)知道是哪个乐器的声音。

师:刚才小朋友们用身体做动作表现出的声音有点小,想不想让小闹钟和小闹铃的声音变得更好听呀?那我们就要请乐器宝宝来帮忙了,我考考小朋友,你们认识它吗?出示响筒,响筒可以演奏这个音乐的什么声音呀?

幼:闹钟指针嗒嗒嗒的声音。

师:(出示手摇铃)手摇铃又可以演奏什么声音呀?

幼:闹钟发出叮铃铃的声音。

师:乐器宝宝就在我们的凳子下面,让我们轻轻地把它拿起来吧。小闹钟嗒嗒嗒的声音在哪里呢?

幼：用响筒发出声音告诉我。

师：小闹钟叮铃铃的声音在哪里?

幼：用手摇铃发出声音告诉我。

(2)乐器和音乐的配合。

师：现在让我们一起来试一试,小朋友们准备好了吗?

师：小朋友们真棒!孩子们站起来当小演奏家,让小闹钟变得快乐起来吧!(播放音乐)

师：小演奏家们,让我们的乐器相互换一换,再来试一试吧!

师：小朋友们你们,变成快乐的小闹钟高兴吗?快乐吗?户外活动的时间到了,让我们一起去把这份高兴快乐的心情带给别的好朋友吧,好吗?

四、活动延伸

孩子们回家后,向爸爸、妈妈说一说小闹钟会发出怎样的声音,用自己的身体表演小闹钟声音的节奏给爸爸、妈妈看一看。

《欢乐颂》(大班舞蹈)

一、活动目标

1. 在理解音乐的基础上,初步学会创编简单的舞蹈动作。
2. 通过自由地随音乐舞蹈,体验和感受欢乐的氛围。
3. 初步培养合作交往能力及自学能力。

二、活动准备

1. 图谱两张,歌曲《欢乐颂》录音。
2. 五个小组的标记(白、红、黄、蓝、绿五种颜色的花形标记)。
3. 舞蹈小道具(腕花)人手一副。

三、活动过程

1. 播放《母鸭带小鸭》律动音乐,引导幼儿愉快地进入活动室。(要求小朋友们能随音乐形象而有节奏地表演小鸭走路样子、游水的动作)

2. 播放练声曲《你好,你早》。(引导幼儿模仿小动物的叫声,能与同伴地面对面的自然表演唱,声音整齐响亮)

3. 歌曲《欢乐颂》的复习。

师：请外圈的孩子们站起来唱歌词,里圈的孩子们哼唱"啦",合唱的时候声音要整齐和谐。

4. 创编舞蹈《欢乐颂》。

(1)幼儿听音乐想动作(引导幼儿感受音乐节奏,初步创编舞蹈动作)

师：刚才小朋友的歌声真好听,今天老师要请你们来编一编《欢乐颂》的舞蹈动作,首先请小朋友们仔细地听音乐想动作。

（2）幼儿分小组商讨，创编舞蹈动作，教师巡回指导。

师：接下来要请每组小朋友站到标记上，互相商讨，为这首乐曲配上合适的舞蹈动作。

（3）鼓励幼儿自由创编舞蹈动作，教师及时记录幼儿动作——画在图谱上。（引导幼儿大胆创编，鼓励孩子们编出与众不同的舞蹈动作，及时表扬动作富有创意以及在创编时能与同伴合作表演的幼儿）

师：刚才小朋友都编得非常认真，现在哪一组先来试试，把你们创编的动作表演给大家看一看。

（4）回忆创编动作，为连贯舞蹈做准备。（引导幼儿仔细观察图谱，想象动作）

师：小朋友们真聪明，舞蹈动作已经全部编好了，下面请大家看着图谱来回想一下动作。（播放音乐）

（5）看图谱学跳舞蹈。（能在参照图谱的基础上，初步随音乐完整练习舞蹈动作）

师：现在就请小朋友们找好舞伴一起来跳。（尤其要提醒小朋友们在需要合作舞蹈时两人能互相配合好，音乐连续播放2遍）

（6）小朋友跳得真好，下面请大家带上腕花来跳，可以学图谱上的舞蹈动作，也可以自己创编舞蹈动作。（小朋友们戴上腕花练习，能在音乐的伴奏下自由快乐的表演，随着《母鸭带小鸭》音乐愉快地走出活动室）

四、活动延伸

师：小朋友们今天表现非常棒。回家后，把自己学到的舞蹈给你们的爸爸、妈妈表演一下！并把他们的建议和想法记录下来，回园后与老师以及其他小朋友们议一议如何改进。

课后练习

1. 简述"五大领域"模拟授课稿的基本结构及规范要求。
2. 说出同一个"领域"模拟授课稿在大、中、小班的差异。
3. 在幼儿园"五大领域"中，各选一个主题，分别撰写它们的模拟授课稿并在班级内进行交流评价。

参考文献

1. 方贤忠.如何说课[M].上海:华东师范大学出版社,2008.
2. 刘显国.说课艺术[M].北京:中国林业出版社,2000.
3. 杨九俊.说课、听课与评课[M].北京:教育科学出版社,2004.
4. 朱永飞.师范生说课训练研究[J].高等函授学报(哲学社会科学版),2011(7).
5. 陈耀华.师范生说课技能训练有效策略探讨[J].玉林师范学院学报(哲学社会科学版),2013(3).
6. 潘超.数学微型课及其教学设计[J].内江师范学院学报,2010(2).
7. 宋伟富.如何上好一节微型课[J].新课程(综合版),2012(1).
8. 孟祥增,刘瑞梅,王广新.微课设计与制作的理论与实践[J].远程教育杂志,2014(11).
9. 宋伟富.微型课的十大评价标准[J].新课程(综合版),2013(10).
10. 马英.基于师范生教学技能竞赛的模拟授课策略探析[J].湖北第二师范学院学报,2015(5).
11. 张宏智.体育教师应聘考核面试中模拟授课的教学设计策略[J].湖北科技学院学报,2015(9).
12. 梅纳新.幼儿教师说课技能训练[M].上海:复旦大学出版社,2015.
13. 蔡旺庆.师范生说课训练与指导[M].南京大学出版社,2014.
14. 蔡旺庆.探究式教学的理论、实践与案例[M].南京大学出版社,2015.
15. 蔡旺庆.学前儿童数学教育[M].中央广播电视大学出版社,2016.
16. 刘毓航,蔡旺庆.说课、模拟授课与微型课技能训练与指导[M].中央广播电视大学出版社,2017.